KB152524

어서 와,
마케팅은 처음이지?

어서 와, 마케팅은 처음이지?

초판 1쇄 2018년 06월 01일
초판 5쇄 2024년 02월 19일

지은이 박지혜

책임편집 양선화
마케팅 강백산, 강지연
디자인 · 일러스트 신병근, 이혜원

펴낸이 이재일
펴낸곳 토토북
주소 04034 서울시 마포구 양화로11길 18, 3층 (서교동, 원오빌딩)
전화 02-332-6255
팩스 02-6919-2854
홈페이지 www.totobook.com
전자우편 totobooks@hanmail.net
출판등록 2002년 5월 30일 제10-2394호
ISBN 978-89-6496-376-0 43320

ⓒ박지혜 2018

• 잘못된 책은 구입하신 곳에서 바꾸어 드립니다.
• '탐'은 토토북의 청소년 출판 전문 브랜드입니다.
• 이 책의 사용 연령은 14세 이상입니다.

前 한국외대 입학처장의
청소년을 위한 경영학 수업

어서 와,

마케팅은 처음이지?

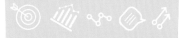

박지혜 지음

팀

초등학생에게 "너는 꿈이 뭐니?" 또는 "너는 나중에 커서 뭐가 되고 싶니?"라고 물었을 때, "아직 잘 모르겠어요."라고 답하면 마치 꿈이 없는 아이, 그래서 문제가 있는 아이처럼 생각하는 이들이 많습니다. 그러나 저는 오히려 특정 직업을 갖고 싶다고 말하는 초등학생이 더 문제가 있다고 생각합니다. "저는 판사가 되고 싶어요.", "저는 의사가 되고 싶어요.", "저는 선생님이 되고 싶어요."라고 답하는 아이들을 보면 매우 안타깝습니다. 왜냐하면 그건 그 아이 꿈이 아니라 엄마나 아빠 꿈일 가능성이 높기 때문입니다. 그 아이 적성이나 성향과는 무관하게 말이지요. 아이들이 신경외과 의사가 무엇을 하는 직업인지 알고서 그렇게 되고 싶다고 답하는 것일까요? 세상에는 수천 가지 직업이 있다고 하는데, 각 직업의 역할과 책임을 알고 있는 것일까요? 대학 전공만 하더라도 수십 가지잖아요. 대체 어떤 전공이 나와 맞는지는 알고 있는 것일까요?

그와 마찬가지로 중·고등학생들에게 전공이나 직업을 결정하도록 강요하는 것은 아직 이릅니다. 세상에 존재하는 다양한 직업군에 대한 충분한 정보를 가지고 있지 않기 때문입니다. 게다가 자신이 무엇을 더 좋아하고 잘하는지 판단할 만한 근거도 많지 않습니다. 그림을 잘 그리는 것 같으면 미술에 적성이 있나 보다 하는 정도이지요. 그림을 잘 그린다는 것에 대한 평가 기준이 명확하지 않기 때문에 그렇게 판단하기도 매우 어렵습니다. 보통은 대학에 가서, 대학을 졸업해서, 심지어 성인이 되어서 자신이 정말 좋아하는 일이 무엇인지, 잘하는 일이 무엇인지 알게 되는 경우가 많습니다. 그러나 불행히도 현재는 고등학교에 입학하자마자 1학년 때부터 진로 탐색이 아니라 진로 결정을 요구합니다. 어떤 직업을 갖기를 원하는지 적어 내라고 하고 그 내용을 생활기록부에 표기합니다. 그리고 나서는 자신이 적어 낸 직업에 대한 진로 탐색 활동을 하라고 합니다.

그러다 보니 대학에 입학해서도 상황은 그리 달라지지 않습니다. 많은 학생들이 대학에 와서도, 그리고 이미 전공을 선택한 상황에서도, 이 전공이 나와 맞는지 고민하게 됩니다. 특히 취업률이 낮다고 하는 학과를 선택한 학생들은 당장 대학을 졸업하고 무엇을 할 수 있는지 막연합니다. 최근 대학에서는 적어도 두 가지의 전공을 선택해서 과목을 이수할 수 있는 기회를 제공합니다. 만약 내가 영문학과에 입학했고 추가로 전공을 하나 더 선택해서 공부할 수 있다면 무엇을 선택해야 하는지 고민이 많습니다. 어떤 전공이 나와 맞는지, 나에게 어떤 기회가 될지 알 수 있는 방법이 많지 않기 때문입니다.

이렇게 중·고등학교 학생들과 대학생들이 진로 선택을 잘못해서 겪게 되는 혼란, 시간 낭비를 줄이기 위해서는 그들에게 양질의 진로 관련 정보와 경험들을 제공할 수 있는 교육 과정과 이를 뒷받침할 수 있는 교재가 마련되어야 한다고 생각합니다. 이러한 기본 틀이 마련되지 않은 상태에서 진로를 결정하라고 요구한다면, 마치 밀가루와 같은 기본 재료를 주지 않고 빵을 만들어 오라고 요구하는 것과 같습니다.

경영학과만 하더라도 마케팅, 인사조직, 회계, 재무, 국제경영, 경영정보시스템 등으로 세분화되어 있습니다. 각각의 세부 전공 영역이 매우 독립적이기 때문에 어떠한 전공에 집중하여 4년의 대학 생활을 했는가에 따라 졸업 후 갖게 되는 직업군이 달라집니다.

게다가 현재 다양한 전공이나 영역에 대한 정보를 얻을 수 있는 도서도 많지 않습니다. 그 전공 영역을 가장 잘 안다고 하는 대학교수들은 주로 성인들을 위한 저서를 집필하기 때문입니다. 도대체 우리 청소년들과 대학생들은 어디서 어떻게 자신의 진로에 대한 정보를 알아낼 수 있을까요?

적어도 저는 이 책을 통해 경영학 안의 작은 학문 영역인 '마케팅'에 대해 이해하고, 마케팅이라는 영역이 나의 적성이나 흥미와 잘 맞는지 생각해 볼 수 있는 기회를 마련하고자 합니다. 따라서 경영학과 또는 마케팅에 관심이 있는 중·고등학교 학생들이나 선생님, 전공과 취업에 대한 고민이 많은 대학생들에게 도움이 될 만한 내용으로 구성했습니다. 제가 속한 대학이나 기업에서 강의하는 내용도 많이 담았습니다. 그러나 이렇게 한 권의 책을 펴내는 저도 사실 마케팅을 다 안다고 자신할 수 없습니다. 마케팅이라는 학문이 매우 심오하고 복잡하며 어렵기 때문입니다. 그러나 청소년이나 마케팅 비전문가들이 소화할 수 있는 범위에서 마케팅의 한쪽 보따리를 조금 풀어 보았습니다. 읽기에 어렵다고 느끼지 않도록 쉬운 용어와 말투를 사용했습니다. 이 책을 읽고 마케팅에 대해 흥미가 생긴다거나 조금 더 전문적으로 공부해 보고 싶다는 생각이 든다면, 주저 없이 경영학과에 지원해도 좋을 것 같습니다.

한국외국어대학교 경영 대학 연구실에서,

박지혜

차례

1 광고도 아니고
사기도 아닌
그것의 정체는?

마케팅의 정의

광고를 통해서 점포의 이미지를 만들어 내는 것은, 좋은 광고 기획사와 일하고 돈을 많이 들이면 누구나 할 수 있는 일입니다. 그러나 돈을 많이 쓰지 않고도 소비자들이 가고 싶어 하는 점포로 만드는 방법은 오로지 상품에 있습니다. 마케팅은 이미 만들어진 제품을 광고하거나 그럴싸하게 포장해서 판매하는 활동이 아닙니다. 마케팅의 핵심은 상품 기획입니다.

마케팅이 🖩 광고라고?

경영 대학에 지원하는 학생들을 대상으로 면접 심사를 할 때가 종종 있습니다. 경영학 안에서도 구체적으로 어떤 세부 전공을 공부하고 싶은지 질문을 던지면, 많은 학생들이 마케팅이라고 말합니다. 그럴 때 평가자로서 당연히 하게 되는 질문이 있지요. "왜 마케팅을 공부하고 싶나요?" 대체로 여기에 어떤 응답을 하느냐에 따라 기본적으로 마케팅에 대해 진지한 진로 고민을 하고 경영학과에 지원했는지, 아니면 관심사와는 관련 없이 무작정 성적에 맞추어 지원했는지 알 수 있습니다. 가장 안타까운 순간은 학생들이 "광고가 좋아서요.", "광고 제작자가 되고 싶어서요."라고 응답할 때입니다. 이런 학생들은 불행히도 경영학과에 잘못 지원했다고 판단할 수밖에 없습니다. 결국 경영학과에 적합한 인재가 아니라는 결론을 내리게 되지요. 왜냐하면 경영학과에서는 광고 기획이나 제작을 가르치지 않기 때문입니다. 광고가 좋아서

마케팅을 하고 싶고, 그래서 경영학과에 왔다면 분명 진로 탐색이 잘못된 경우라고 볼 수 있습니다.

경영학과는 기업을 경영할 수 있는 최고경영자(CEO) 양성에 목적을 둔 학과입니다. 경영학과는 마케팅, 재무, 회계, 인사조직, 국제경영, 생산운영, 정보시스템관리라는 세부 전공으로 나뉩니다. 경영학과는 대체로 일반 학과보다 규모가 커서 단과 대학 안에 한 학과로 존재하는 경우가 많습니다. 단과 대학이란 여러 개 학과가 모여서 큰 학술적 영역을 대표하는 대학교 조직 단위입니다. 예를 들어, 사범 대학은 중·고등학교 교사를 양성하는 조직이고, 그 안에는 수학교육과, 화학교육과, 영어교육과, 국어교육과 등이 있습니다. 그리고 경영 대학은 마케팅학과, 재무학과, 회계학과, 인사조직학과 등으로 구성된 큰 조직 단위라고 볼 수 있습니다. 그런데 이렇게 개별 학과로 나눌 수가 없는 이유는 기업의 최고경영자가 마케팅만 알아서는 안 되고 재무만 알아서도 안 되기 때문입니다. 기업을 경영하기 위해서는 이 모든 영역의 관계를 잘 이해하고 의사 결정을 내릴 수 있어야 합니다. 따라서 경영 대학 또는 경영학과에서는 이 모든 전공을 나누지 않고 모두 교육하고 있습니다.

이 중에서 특히 마케팅은 기업의 상품 기획 및 관리, 가격 설정, 유통망, 소비자들과의 소통을 기획하고 관리하는 영역입니다. 기업의 마케팅 관리자는 광고를 기획하거나 제작하지 않습니다. 광고 전문가들이 기업이 원하는 방향의 광고를 제작할 수 있도록 조정하고 통제하는 역할을 할 뿐입니다. 게다가 최근 마케팅에서는 광고의 역할이 작아지고 있습니다. 왜냐하면 광고를 통해 기업을 알리고 제품을 알리는 활동은 마케팅에서 가장 비효율적인 활동이기 때문입니다.

마케팅에서 효율성이라는 개념은 매우 중요한데요. '효율성'이란 '적은 비용으로 낼 수 있는 성과의 크기'입니다. 쉽게 말해서 광고는 돈이 가장 많이 들어가지만 그 성과(매출)에는 크게 영향을 주지 못하는 경우가 많습니다. 심지어 최근에는 대중 광고에 의존한 마케팅을 바보 마케팅(Silly Marketing)이라고 부르기도 합니다. 따라서 돈을 많이 들여서 알리고 설득하는 작업은 마케팅 활동에서 최소한으로 고려해야 합니다. 정말 마케팅을 잘하는 기업은 제품이나 서비스 그 자체로 소비자와 소통합니다. 이러한 마케팅을 스마트 마케팅(Smart Marketing)이라고 합니다. 소비자가 꼭 제품을 직접 경험하지 않고도 제품의 우수성을 느낄 수 있도록 제품이나 서비스가 기획되어야 합니다.

그렇다면 제품을 실제로 만들지 않고 팔기만 하는 이마트나 신세계 백화점(일반적으로 유통사라고 말합니다)은 스마트 마케팅을 할 수 없을까요? 그렇지 않습니다. 제품을 직접 제조하지 않더라도 소비자들이 원하는 제품을 선별하는 작업을 하게 됩니다. 어떤 제품을 골라서 판매하는가에 따라 매출이 좌지우지됩니다.

요즘 젊은 소비자들 사이에서 올리브영이 인기입니다. 올리브영에 가는 이유가 무엇일까요? 그곳에는 우리가 쉽게 접하지 못했던 해외 제품들과 국내 제품들이 진열되어 있습니다. 올리브영은 전 세계 곳곳에 숨은 특별한 제품들을 찾아다니면서 그중 우리나라 십 대에서 삼십 대까지 젊은 소비자들이 좋아할 만한 제품만을 선별하여 판매하고 있습니다.

또한 제품이 워낙 중요하다 보니, 최근에는 유통사들도 제조사처럼 직접 제품을 기획하고 제조 전문 업체에 위탁 제조하여 판매하는 경우가 늘고 있습니다. 그만큼 어떠한 상품을 파느냐가 다른 유통사가 아닌 우리 기업을 선택하도록 유도하는 데 무엇보다 중요하기 때문입니다. 이렇게 유통사가 직접 상품을 기획하고 제조하는 브랜드를 '자체 상표' 또는 'PB(Private Label Brand)'라고 합니다. 이마트의 피코크, 자주, 몰리스펫샵, 자연주의가 자체 상표의 예입니다. 홈플러스도 이와 유사한 자체 상표 제품을 만들고 있습니다. 소비자들이 원하는 상품을 기획하고 공급하는 것이 마케팅의 핵심이라는 사실을 기업들이 보여 주고 있는 셈이지요.

미국에 월마트라는 대형 마트가 있습니다. 우리나라 이마트나 홈플러스와 비슷한 형태의 점포라고 보면 됩니다. 월마트는 미국 유통 시장을 독점해 온 1등 대형 마트였습니다. 그런데 최근 타깃(Target)이라는 대형 마트가 나타나면서 월마트는 1등 자리를 내주게 생겼습니다. 특히 이삼십 대 젊은 소비자들은 식료품, 공산품 등 생활에 필요한 모든 제품들을 주로 타깃에 가서 구매합니다. 더 재미있는 점은 이들이 '타깃'을 '타깃'이라고 부르지 않고 '타제(Targé)'라는 프랑스식 억양으로 고급스러운 백화점처럼 부른다는 사실입니다. 미국 소비자들에게 유럽식 억양, 특히 프랑스식 억양은 품격과 고급을 상징하거든요. 소비자들은 월마트처럼 절대적으로 "싸다!"만 외치는 처절한 저가형 대형 할인 매장이 아닌, 저렴한 가격으로 제품을 구입할 수 있으면서도 고급스럽고 품질이 뛰어난 제품을 판매하는 타깃을 선호합니다. 그렇다고 타깃에서 파는 제품들(세제, 청소용품, 냉장·냉동식품 등)이 매우 특별하다거나 월마트의 제품들과 크게 다른 것은 아닙니다. 월마트에서 판매하는 똑같은 제품을 타깃에서도 판매하고 있습니다. 그런데도 타깃에서 판매되는 제품들은 더 고급스럽고 품질이 뛰어나다고 여겨집니

● 타깃 점포의 바깥과 안쪽 모습

다. 그 이유가 무엇일까요?

어디서든 구입이 가능한 제품일지라도 그 제품을 어떻게 진열하느냐에 따라 제품은 특별해 보일 수 있고 또 필요해 보일 수 있습니다. 타깃은 제품을 구석구석 빼곡하게 쌓아 놓지 않고 소비자들이 여유 있게 살펴볼 수 있도록 충분한 공간을 두고 진열합니다. 그리고 제품과 제품들의 관계를 고려하여 함께 진열합니다. 예를 들어, 의자 진열대라고 해서 의자들만 진열하지 않고, 함께 사용할 수 있는 탁자, 꽃병, 커피잔, 카펫 등을 함께 진열합니다. 거실이 연출되는 셈이지요. 그러니 의자를 사러 간 소비자가 의자만 사기는 매우 어렵습니다. 의자와 어울리는 탁자, 꽃병, 커피잔까지 구매하게 됩니다.

그뿐만이 아닙니다. 타깃의 머천다이저(Merchandiser, 상품 관리자)들은 제조사들의 수많은 제품들 중에서 품질과 가격을 엄격하게 따져 타깃에서 판매할 제품들을 선별합니다. 이러한 엄격한 선별 과정은 타깃의 주요 성공 요인이 되었습니다. 타깃에 방문하는 중상층 소득 수준의 대다수 소비자들 취향을 고려하는 것은 물론이고, 빠르게 변하는 젊은 소비자들 취향까지 고려하여 제품을 선별합니다. 월마트처럼 저렴한 가격만을 내세운 상품이 아닌, 무엇보다 트렌드를 반영하는 상품 구성을 우선적으로 고려했습니다. 나아가 타깃 자체적으로 상품을 기획하고 제조하여 타깃만의 상품을 소비자에게 제공하고 있습니다. 의류 제품의 경우, 마크 제이콥스와 같은 유명 패션 디자이너와 함께 공동으로 상품을 기획하여 많은 인기를 끌었지요. 만약 이마트와 같은 마트에서 백화점에서나 접할 수 있는 유명 패션 디자이너의 의류를 저렴한 가격에 구입할 수 있다면, 이마트에 대한 이미지가 어떻게 바뀔까요. 그렇다 보니, 미국의 젊은 소비자들은 월마트가 아닌 타깃을 방문하고 필요한 제품들을 구입하면서, "오늘 마트 다녀왔어."가 아니라 "오늘 타제에 다녀왔지."라고 자랑스럽게 말합니다.

광고는 기업 입장에서는 결국 돈을 얼마나 쓰는가의 문제라고 볼 수 있습니다. 광고를 통해서 점포의 이미지를 만들어 내는 것은, 좋은 광고 기획사와 일하고 돈을 많이 들이면 누구나 할 수 있는 일입니다. 그러나 돈을 많이 쓰지 않고도 소비자들이 가고 싶어 하는 점포로 만드는 방법은 오로지 상품에 있다고 할 수 있습니다. 마케팅은 이미 만들어진 제품을 광고하거나 그럴싸하게 포장해서 판매하는 활동이 아닙니다. 마케팅의 핵심은 상품 기획입니다.

가끔 방송 프로그램을 보다가 참 난감하게 느껴질 때가 있습니다.

새로운 마케팅 트렌드를 소개하는 경제 프로그램이었는데요. 한 대형 마트에서 점원들이 "생선을 특별 가격으로 할인하고 있습니다!", "소고기를 할인합니다!"라고 소리를 치고 있었습니다. 이렇게 점포 내에서 소리를 치면서 판매하는 방식을 글쎄, '샤우팅(Shouting) 마케팅'이라고 소개를 하더라고요. 아…… 세상에, 샤우팅 마케팅이라니! 소리를 지른다고 해서 다 마케팅이 되는 것은 아닌데, 마케팅이라는 개념이 너무 함부로 쓰인다는 생각이 들었습니다. 많은 이들이 아무 곳에나 마케팅이라는 개념을 가져다 붙이는 것 같습니다. 소리를 질러서 정보를 제공하는 방식은 마케팅 기술이나 전략이라고 할 수 없을 정도로 단순히 이목을 끄는 고전적인 방식입니다. 오히려 소비자들의 이목을 끌지 못하고 쇼핑에 방해를 주기만 할 수도 있습니다. 마케팅은 그보다 체계적이고 계산적인 개념입니다.

🛒 마케팅이 사기라고?

마케팅을 잘못 알고 있는 사람들이 "마케팅, 그거 사기 아니야?"라고 하는 경우가 종종 있습니다. 마케팅을 연구해 오고 있는 저는 그런 얘기를 들으면 울컥합니다. 그럼 마케팅 교수인 제가 사기꾼이라는 말씀입니까? 그런데 한편으로는 그들이 그런 얘기를 하는 이유가 이해되기도 합니다. 그동안 우리나라 일부 기업의 마케팅 활동이 정상적인 범위 안에 있지 않았기 때문이지요. 많이 팔기 위해서(기업에서는 '성과'를 내기 위해서라는 용어를 씁니다) 물불을 가리지 않고, 소비자들에게 약속할 수 없는 것까지 마구잡이로 약속하는 경우가 있었습니다. 이런 경우를 정확하게 '사기'라고 말합니다.

심지어 어느 대학 강사가 마케팅을 하기 위해 필요한 역량을 '사기치는 기술'이라 했다고 하니 기가 찰 노릇입니다. 대학 강단에서 마케팅을 연구하고 학생들에게 마케팅에 대한 지식을 전달하는 중요한 역할을 하는 강사가 마케팅을 사기 치는 기술로 생각하고 있었다니. 그 강사에게서 교육을 받은 학생들이 사회에 나아가 마케팅 실무자가 된다면 어떻게 될까요? 그렇게 생각하니 매우 아찔하기까지 합니다. 마케팅은 사실에 근거해야 합니다. 소비자들에게 허위로 약속하는 활동은 감히 마케팅이라고 할 수 없습니다.

마케팅 활동의 궁극적인 목적은 '제품이나 서비스를 통해 소비자들이 누리게 되는 삶의 질 향상'이라고 볼 수 있습니다. 물론 소비자 삶의 질 향상 뒤에는 기업의 이윤 추구가 있습니다. 기업의 본질은 무시할 수 없습니다. 이윤 추구는 매우 정상적이고 합리적인 기업의 역할과 책임이기도 합니다. 따라서 기업의 이윤 추구를 부정적으로 생각하는 것은 이치에 어긋납니다. 그러나 기업이 맹목적으로 이윤을 추구하게 되면, 앞서 이야기했듯 약속할 수 없는 것들을 약속하게 되고, 소비자 삶의 질은 오히려 나빠지게 됩니다. 소비자 삶의 질 향상 없이 얻게 되

● 변비 문제를 해결해 주는 유산균 음료

는 기업의 이윤은 분명 문제가 있고, 이러한 경우는 마케팅 활동을 했다고 말할 수 없습니다. 마케팅의 본질은 기업의 이윤 추구가 아니라 소비자 삶의 질 향상입니다. 기업은 삶의 질이 향상될 수 있는 제품이나 서비스를 제공하고 그에 대한 대가 또는 결과로 이윤을 얻게 됩니다.

삶의 질 향상은 그리 어려운 개념은 아닙니다. 제품이나 서비스를 사용하기 전에는 경험할 수 없었던 즐거움, 행복감, 편리함 등을 느끼게 된다면 삶의 질이 향상되었다고 볼 수 있습니다. 예를 들어, 유산균 음료를 마시고 변비에 대한 문제가 해결되었다면 소비자 삶의 질은 향상되었다고 말할 수 있겠지요. 그러나 유산균 음료를 마셨는데, 그 안에 유산균은 매우 작은 양이고 몸에 해로운 당과 감미료 성분들만 가득 차 있어서 변비 문제가 해결되지 않는다면 삶의 질이 향상되었다고 보기 어렵지요. 심지어 소비자 삶의 질은 당 섭취로 인해 더 나빠지게 됩니다. 그러니 설탕 덩어리 유산균 음료를 기획하고 판매하는 활동은 마케팅 활동이라고 보기 어렵습니다.

소비자 삶의 질 향상이라는 마케팅 목표는 대학에서 마케팅학을 연구하는 교수와 학생, 연구자, 기업에서 마케팅 활동을 하는 대다수 실무자가 자기 직업에 자부심과 보람을 느끼는 이유이기도 합니다.

그렇다면 마케팅이 도대체 뭔데?

마케팅학 연구에 평생을 헌신하고 은퇴하신 한 교수님의 일화를 잠깐 들려줄게요. 교수님의 마케팅학 수업 시험 문제는 학기마다 늘 같았다고 합니다. "마케팅이란 무엇인가?"라는 문제였지요. 학생들은 같은 시험 문제에 대비하여 준비를 했다고 합니다. 그러다 보니 학기마다 똑같이 반복되는 이 시험 문제를 두고 학생들 사이에 말이 많았겠지요. 그러자 어느 학기 시험 시간 칠판에는 다른 시험 문제가 출제됩니다. 그 문제는 바로 "도대체 마케팅이란 무엇인가?"였습니다. 말장난같이 생각될 수도 있겠으나, 그 교수님은 학생들이 마케팅학의 정체성과 역할에 대해 얼마만큼 신중하게 생각하고 고민해 보았는지 점검하고 싶었던 듯합니다. 도대체 마케팅이 무엇인지, 제대로 알고 있는 것인지 말이지요. 마케팅을 단순히 광고나 판매로만 이해한다거나,

마케팅이 사기라고 잘못 이해하고 있는 마케팅 관리자가 있다면, 그 기업의 미래는 상당히 위험해집니다.

　소비자가 누리는 삶의 질을 향상시키기 위해서는 우선 소비자들이 생활에서 겪고 있는 문제들을 찾아야 합니다. 이러한 문제들을 마케팅에서는 '결핍' 또는 '니즈'라고 합니다. 학자마다 선호하는 이론과 개념이 있는데, 저는 개인적으로 결핍 또는 니즈보다는 '문제'라는 개념을 선호하는 편입니다. 그것이 문제이건 결핍이건 니즈이건 간에, 그러한 개념들을 굳이 나누어 접근하기보다는 소비자들이 겪고 있는 문제가 '심각한 수준'인가 따져 보는 일이 가장 중요합니다. 왜냐하면 소비자들이 겪는 생활 문제가 심각할수록, 그러한 문제를 해결하고자 노력을 기울이게 되기 때문입니다. 그 문제가 별로 심각한 수준이 아니라면 당연히 문제를 해결하기 위한 노력을 기울이지 않겠지요. 그냥 참아 낼 수 있는 생활 문제는 제품이나 서비스에 대한 필요로 연결되지 않습니다. 자신에게 중요하지 않은 문제를 비용을 지불하면서까지 해결하려고 하지 않을 겁니다. 예를 들어, 살짝 목이 마르다고 음료수를 구입하지는 않겠지요. 목이 마른 정도가 심해야 음료수를 구입하려고 노력하기 시작하겠지요. 많이 아파야 병원을 찾게 되는 것처럼요. 조금 아프면 그냥 집에서 참아 낼 겁니다. 따라서 마케팅 관리자는 소비자들이 가진 '심각한 문제'를 알아내는 것에서부터 마케팅 활동의 첫 단추를 끼우기 시작합니다.

마케링 활동이 벌어지는 시장이란 무엇일까?

경제 기사에서 '화장품 시장,' '글로벌 시장 진출' 등과 같이 '시장' 이라는 용어를 많이 접하게 됩니다. 여기서 '시장'은 무슨 의미일까요?

마케링에서 시장은 세 가지의 개념으로 정의합니다. 첫 번째는 제품을 판매하고 구매가 이루어지는 교환의 공간, 두 번째는 구매하는 사람과 판매하는 사람의 집합체, 마지막으로 소비자 집단입니다. 예전에는 교환의 공간이 마트나 편의점처럼 물리적인 장소에 한정되었다면, 최근에는 인터넷과 모바일의 발달로 물리적이지 않은 장소, 가상의 장소도 모두 시장으로 보고 있습니다.

또 다른 측면으로 시장은 누가 제품을 구매하는가에 따라 소비자 시장과 기업 시장으로 구분합니다. 소비자 시장은 우리와 같은 일반 사람이 삶의 질을 향상시키기 위해 제품을 구입하는 곳이고요, 기업 시장은 그야말로 기업과 기업이 서로 필요로 하는 제품을 생산하고 판매하는 곳입니다. 예를 들어, 소비자들이 구매할 나이키 운동화가 판매되는 시장을 소비자 시장이라고 한다면, 나이키 운동화를 제조하는 데 필요한 가죽, 고무, 접착제 등이 거래되는 시장을 기업 시장이라고 합니다.

또 시장은 제품을 구매할 사람들이 어디에 있는가에 따라 국내 시장과 글로벌 시장으로 나누기도 합니다. 예를 들어, 라면을 구매할 소비

● 비영리 기업 유니세프의 '착한 상품'

자들이 우리나라 안에 있는 경우에는 국내 시장이라고 하지만, 미국이나 중국과 같이 다른 국가에 있는 경우에는 글로벌 시장이라고 합니다. 삼성전자를 흔히 글로벌 기업이라고 하지요? 삼성전자 제품들은 한국 소비자뿐 아니라, 미국, 유럽, 브라질, 인도 등 전 세계 소비자들을 대상으로 판매되기 때문입니다.

기업이 이윤 추구를 목적으로 사업을 하는 것은 당연하잖아요? 그런데 만약 이윤을 추구하기 위해 사업을 하는 것이 아니라, 사회적 배분이나 복지를 목적으로 사업을 하는 경우 비영리 시장으로 구분하기도 합니다. 공정 무역 제품이 판매되는 곳이나 장애인들에게 일자리의 기회를 제공하기 위해 만든 사회적 기업이 만든 제품들이 판매되는 곳이 대표적인 비영리 시장이라고 볼 수 있습니다. 불우 이웃을 위해 모금 활동을 벌이는 사랑의 열매, 영양실조나 질병으로 고통받는 아프리카 어린이 구호 활동을 벌이고 있는 유니세프 등은 비영리 기업이라고 말할 수 있습니다. 특히 유니세프의 경우 최근 '착한 상품'이라고 해서 카드, 팔찌 등을 판매하고 있는데요, 제품을 팔고 남는 모든 수익은 유니세프 직원들 복지나 기업 투자 활동에 쓰이는 것이 아니라 오로지 아프리카 어린이들을 위해 사용한다고 합니다.

2 귀하신 '고객님~' 정체를 밝혀라!

소비자 분석

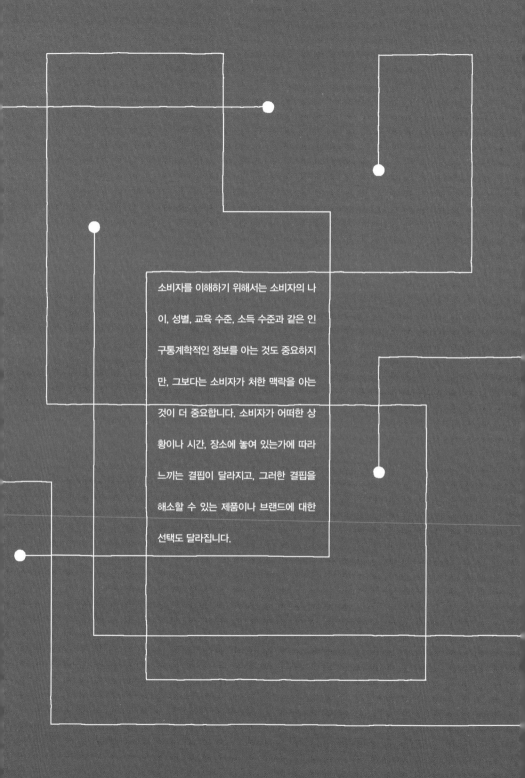

소비자를 이해하기 위해서는 소비자의 나이, 성별, 교육 수준, 소득 수준과 같은 인구통계학적인 정보를 아는 것도 중요하지만, 그보다는 소비자가 처한 맥락을 아는 것이 더 중요합니다. 소비자가 어떠한 상황이나 시간, 장소에 놓여 있는가에 따라 느끼는 결핍이 달라지고, 그러한 결핍을 해소할 수 있는 제품이나 브랜드에 대한 선택도 달라집니다.

소비자 vs. 고객의 차이부터 알고 시작하자!

소비자들이 가진 심각한 문제들을 알아내기 전에, 먼저 따져 보아야 할 사실이 하나 있습니다. 소비자는 대체 누구일까요? 소비자가 누구인지 알아야 그들이 가진 심각한 문제를 알아낼 수 있지 않을까요? 지금부터 소비자가 누구인지 먼저 살펴본 후, 그들이 가진 심각한 문제가 무엇인지, 그 문제를 어떻게 찾아낼 수 있는지 생각해 보겠습니다.

매장에 들어서는 순간, 다들 나를 "고객님~ 고객님~" 하고 부릅니다. 왜 다들 그렇게 부르는 것일까요? 고객의 개념은 대체 무엇일까요? 고객은 영어로 '커스토머(customer)'라고 합니다. 왜 마케팅을 이야기하는데 자꾸 영어가 등장하느냐고요? 마케팅이라는 학문은 미국에 뿌리를 두고 있고, 그곳에서 많은 연구들이 오랫동안 이루어져 왔습니다. 그러다 보니, 현재 대다수 마케팅 개념과 성공 사례들은 모두 미국에서 수입되었다고 해도 과언이 아닙니다.

다시 고객의 개념으로 돌아가서, 고객은 일반적으로 구매 행동을 기준으로 정의합니다. 우리 제품을 구매했으면 고객이고, 우리 제품을 구매한 경험이 없으면 비고객으로 구분하지요. 따라서 고객과 구매자는 같은 개념으로 볼 수 있습니다. 매장에 들어서는 손님을 보고 '고객'이라고 굳이 부르는 이유는 구매 가능성이 높기 때문입니다. 엄격하게 따지면, 매장에 들어서자마자 고객이라고 부르는 것은 적합하지 않지요. 그렇다고 딱히 다른 호칭이 있지는 않으니 어쩔 수 없이 고객이라는 호칭을 쓰는 것 같습니다.

마케팅에서 고객은 상당히 제한적인 개념이라고 볼 수 있습니다. 구매를 했는지 안 했는지에 따라 구분하기 때문에, 실제 구매에 영향을 주었거나 뒤에 숨어 있는 이해관계자까지는 알 수가 없습니다. 고객의 개념이 마케팅에 도움이 되지 않음을 증명한 사례가 하나 있습니다. 하인즈 초록색 케첩인데요. 2000년에 미국 하인즈사에서 초록색 케첩을 출시합니다. 여러분은 초록색 케첩을 혹시 본 적 있나요? 아마 없을 겁니다. 그 이유를 지금부터 설명해 드릴게요.

하인즈는 케첩을 가장 많이 먹는 집단은 아이들이니, 아이들이 잘 먹을 수 있는 케첩을 만들어 보려고 했습니다. 그래서 유아 전문가들을 찾아가 아이들에게 어떤 케첩을 만들어 주면 아이들이 좋아할지 묻습니다. 그랬더니 유아 전문가들은 이렇게 조언합니다. "아이들은 한 가지 색상에 쉽게 지루해 합니다. 그런데 케첩은 항상 빨간색이잖아요? 다른 색상 케첩이 있다면 아이들이 더 좋아할 것 같습니다."

그다음으로 하인즈 마케팅 관리자는 케첩을 구매하는 엄마들을 찾아가, 어떤 케첩이 있다면 구매하겠느냐고 묻습니다. 그랬더니 엄마들이 이렇게 말합니다. "아이들이 야채를 잘 먹지를 않아서 고민입니다. 생각해 보면 토마토도 야채인데 아이들이 토마토케첩은 참 잘 먹는단 말이죠. 아이들이 싫어하는 초록색 야채에 대한 호감도를 높일 수 있는 토마토케첩이 있다면 좋겠습니다." 혹시 만화 〈짱구는 못 말려〉 보셨나요? 장난꾸러기 짱구가 안 먹는 음식이 하나 있습니다. 바로 피망인데요. 짱구가 피망을 안 먹어서 짱구 엄마 속을 무지 썩이죠. 아이들은 참 이상하리만큼 야채를 안 좋아해요. 저도 어린 시절을 생각해 보면 야채를 좋아했던 기억은 없는 것 같아 할 말은 없습니다.

아무튼 그래서 엄마들의 염원을 담아 야채에 대한 호감도를 높일 수 있는 초록색 토마토케첩을 출시하게 됩니다. 마트에 초록색 케첩이 진열된 순간, 구매자인 엄마들은 무슨 생각을 했을까요? '이거다!'라고 생각하지 않았을까요? 당연히 엄마들은 구매를 시작합니다. 즉, 초록색 케첩의 고객이 되었지요. 그리고 마트에서 산 초록색 케첩을 저녁 식탁 위에 올려놓습니다. 저녁 식사를 하러 식탁에 모인 아이들의 반응은 어땠을까요? "우웩!" 더 이상 설명이 필요 없겠지요? 초록색 케첩은 한 병은 팔렸을지 모르나 두 병 이상은 절대 팔리지 않았습니다. 구매자인 엄마들은 원했지만 케첩을 실제 소비하는 아이들은 원하지 않았거든요. 한 병 사 놓은 케첩마저도 그냥 냉장고에 보관만 되었지요.

결국 하인즈사는 2000년에 초록색 케첩을 출시하고 매출이 오르지 않아 전전긍긍하다가 2006년에 공식적으로 생산 중지를 결정합니다. 이제는 더 이상 찾아볼 수도 없는, 역사 속에 사라진 제품이 되어 버렸습니다. 하인즈 초록색 케첩의 실패 이유는 제품을 기획하는 과정에서 구매자인 엄마들 의견만 고려하고, 사용자인 아이들 의견을 고려하지 않았다는 데 있었습니다. 이렇게 구매자인 고객만 고려했다가는 마케팅 활동이 실패로 돌아갑니다. 제품을 둘러싼 이해관계자들을 모두 고려해야 성공적인 마케팅을 할 수 있습니다.

따라서 실제 마케팅 관리자에게 중요한 개념은 고객이 아닌 소비자입니다. 소비자는 구매 여부에 따라 집단을 구분하는 개념이 아니라, 특정 제품이나 브랜드를 구매하는 데 관여하는 이해관계자 집단 모두를 의미합니다. 특정 제품이나 브랜드가 선택되고 사용되는 과정은 단한 사람이 결정하는 것이 아닙니다. 케첩의 경우를 다시 생각해 보면, 하인즈 케첩을 구매하고 소비하는 데 관여하는 이해관계자는 생각보다 많습니다. 감자튀김을 찍어 먹을 소스가 필요하다고 말하는 사람이 있고요, 최근에 하인즈에서 어린이용 케첩이 나왔다는 중요한 정보를 제공해 주는 사람이 있고요, 하인즈 케첩을 사기로 결정하

● 하인즈 초록색 케첩

는 사람이 있고요, 그 케첩을 구매하러 가는 사람이 있고요, 마지막으로 케첩을 먹는 사람이 있지요. 이러한 이해관계자들을 모두 소비자라고 정의합니다.

의사 결정 과정 역할에 따라 소비자 구분하기

제품이나 브랜드 구입이 이루어지려면, 가장 먼저 결핍을 호소하는 사람이 있어야 합니다. 이러한 사람을 '문제 제기자'라고 합니다. 예를 들어, '목이 마르다', '피곤하다', '수학 성적이 오르지 않는다', '교복을 예쁘게 입고 싶다', '붉은색 입술이 갖고 싶다' 등 현재 상태에 대한 불편함을 호소하는 사람입니다. 그런데 이 사람은 불편함을 겪는 자신일 수도 있으나 타인일 수도 있습니다. 예를 들어, 수학 성적에 대한 불편함을 호소하는 사람이 학생 자신이 아닌 담임선생님이나 부모님일 수도 있지요. 제품이 남성 화장품인 경우, 남성 자신이 피부에 대한 불편함을 호소할 수도 있지만 애인이나 배우자가 남성의 피부 트러블에 대한 문제를 대신 제기할 수도 있습니다. 따라서 이렇게 결핍을 느끼는 사람이 반드시 결핍을 말하는 본인이라고 생각하면 안 됩니다.

현재 상태에 불편함을 느끼면, 그 불편함을 해소할 다양한 제품이나 서비스에 대한 정보를 탐색하게 되지요. 요즘 중·고등학교 여학생들은 립 틴트를 많이 바르잖아요. 어떤 브랜드의 립 틴트가 좋은지, 어떤 색상이 나에게 잘 맞는지 등에 대한 정보는 누구 영향을 받게 될까요? 설마 옆집 아주머니가 권하는 립 틴트 브랜드가 여러분 귀에 들어올 리는 없겠지요? 주변에 나와 같은 경험을 하고 있는 친구들이나 인스타그램, 페이스북 같은 인터넷 공간의 친구들 이야기에 귀를 기울이게 됩니다. 이렇게 생활에서 느끼는 불편함을 해소할 수 있는 제품이나 서비스에 대한 정보를 제공해 주고, 특정 제품이나 서비스를 선택하도록 힘을 행사하는 사람을 '영향자'라고 합니다.

이후에 여러 브랜드와 색상에 대한 정보를 알아보는 과정을 거쳐서

● 입술에 꽃잎 같은 생기를 더해 준다는 콘셉트를 강조하는 이니스프리 '틴트밤' 제품

가장 예쁜 립 틴트를 결정하게 되는데요. 특정 브랜드의 틴트 구매를 결정하는 사람을 '결정자'라고 합니다. 이니스프리라는 틴트 브랜드를 결정할 수도 있고, 틴트가 아닌 립글로스와 같은 제품 유형으로 결정할 수도 있습니다. 일반적으로 내 입술을 마음에 들게 만들어 줄 수 있는 제품이나 서비스로 가장 좋다고 생각되는 립 틴트 또는 립글로스 같은 제품 유형을 결정하고, 다음으로 브랜드를 결정하는 순으로 진행되지요.

자, 그렇다면 제품과 브랜드를 결정한 사람이 구매할까요? 그럴 수도 있지만 그렇지 않을 수도 있습니다. 립 틴트의 경우, 결정은 여학생 자신이 할 수 있지만 구매자는 부모님일 수 있습니다. 물론 용돈을 가지고 직접 구매를 할 수도 있지만, 엄마가 비용을 지불하는 경우도 있으니까요. 따라서 결정자와 구매자가 같은 사람이 아닐 가능성도 매우 큽니다. 그렇다면 구매한 사람이 사용을 할까요? 엄마가 비용을 지불했다면 사용하는 사람은 다시 여학생이 됩니다. 앞서 살펴보았던 어린이용 케첩의 경우도 구매자와 사용자가 다릅니다. 구매자는 주부이고 사용자는 어린이니까요.

이렇듯 소비자라는 개념은 구매 의사 결정 과정에서 어떠한 역할을 하느냐에 따라 문제 제기자, 영향자, 결정자, 구매자, 사용자로 구분됩니다. 이러한 이해관계자들을 모두 소비자라고 합니다. 이러한 이해관계자 구분은 마케팅 활동에서 매우 중요합니다. 특히 소비자 유형 중 누구를 선택하고 집중해야 하는가에 대한 마케팅 관리자의 의사 결정에 영향을 미치지요. 단순하게 십 대 중·고등학교 여학생을 선택해서 제품을 만들겠다는 것은 매우 막연한 생각입니다. 한 사람이 제품이나 브랜드를 선택하는 과정을 거치는 것이 아니라, 여러 유형의 주변 이해관계자들이 참여하기 때문입니다. 누구를 위해 제품을 만들 것인가, 누구에게 제품에 대한 주요 정보를 제공할 것인가, 누구에게 제품 필요성을 알릴 것인가, 브랜드 우수성은 누구에게 알릴 것인가, 점포 환경은 누구에게 맞추어 만들 것인가는 각각 다른 소비자 유형을 대상으로 고민해야 합니다. 일단 전략에 대한 고민은 미루어 두고, 먼저 소비자의 개념을 머릿속에 명확하게 새겨 넣어 봅시다.

소비자들의 '심각한' 결핍이란?

2010년을 전후로 전 세계 휴대폰 시장은 접이식(폴더)에서 스마트폰으로 바뀌게 되었습니다. 그러면서 전자 제품을 만드는 LG전자는 스마트폰과 관련된 새로운 제품이 없을까 고민하게 됩니다. 스마트폰을 즐겨 쓰는 젊은 이삼십 대 소비자를 대상으로 소비자 조사를 실시합니다. 스마트폰을 사용하는 데 불편함은 없는지, 스마트폰을 더 즐겁게 사용하기 위해 필요한 것은 없는지 말이지요.

소비자들은 스마트폰으로 통화나 문자만 주고받는 것이 아니라, 많은 사진을 찍고 저장해 둔다고 응답했습니다. 따로 사진기를 가지고 다니는 번거로움이 없어져서 좋다는 말도 하지요. 그런데 사진을 찍고 난 후, 원하는 사진을 출력하고 싶을 때 마땅히 출력할 수 있는 장치가 없어서 고민이라는 응답을 누군가 합니다. 폴라로이드를 즐겨 쓰던 시절에는 사진을 찍어서 바로 출력할 수 있었는데, 이제는 스마트폰으로 사진을 찍다 보니 그러기 어려워졌다는 것이지요. 게다가 사진이 모두 스마트폰에 저장되어 있어서, 손에 잡히지 않아 허전하다는 말도 합니다.

자, 이쯤 되면 소비자들이 가진 문제가 무엇인지 파악되지요? 맞습니다. 스마트폰으로 찍은 사진을 출력해 줄 수 있는 기기가 필요합니다. 그리하여 두둥! 만들어진 제품이 바로 LG전자의 포켓포토 포포라는 제품입니다. 딱 스마트폰 크기이기 때문에 가지고 다니기 편리하지요. 컴퓨터와 프린터에 연결하지 않고도 작은 기기에서 사진이 출력되니 생활이 매우 편리해질 것 같습니다. 아마 이 제품을 갖고 있는 중·고등학생들이 꽤 있을 텐데요. 실제 이 제품은 중·고등학생들을 겨냥해 만들어진 제품은 아닙니다. 앞에서 언급했듯이 스마트폰을 활발히 사용하면서 경제력이 있는 이삼십 대 성인 소비자들을 겨냥해 만들어진 제품입니다.

그렇다면 이 제품이 출시되고 나서 결과는 어땠을까요? 스마트폰을 필수 제품으로 구매하는 것처럼, 포켓포토 포포도 무조건 구매했을까요? 결과는 예상보다 조금 실망스러웠습니다. 이삼십 대 소비자들이

● LG전자 포켓포토 포포 광고

이 제품을 그다지 많이 구매하지는 않았습니다. 왜일까요? 분명 소비자 조사에서 스마트폰으로 찍은 사진을 출력하고 싶다고 말했잖아요? 그래서 출력 문제를 해결해 줄 수 있는 간편하고 작은 출력기를 만들었는데, 왜 안 사는 것일까요?

그 이유는 소비자들이 사진 출력에 대해 느끼는 문제나 결핍이 심각하지 않았기 때문입니다. 스마트폰으로 찍은 사진들을 출력하면 좋고, 출력을 안 해도 그만이라는 겁니다. 중요한 것은 출력에 대한 필요도가 얼마나 강한지, 또는 심각한 수준인지 판단하는 일입니다. 그냥 소비자들의 필요나 결핍을 찾아서는 안 되지요. 웬만한 문제나 결핍으로는 소비자들이 그것을 해결하기 위해 행동으로 옮기지 않을뿐더러, 비용을 지불하지도 않습니다. 소비자들이 구매하려고 하는 제품이나 서비스는 소비자가 느끼는 평범한 문제나 결핍을 해결해 줄 수 있는 것이 아니라, 소비자의 '심각한' 또는 '중대한' 문제나 결핍을 해결해 줄 수 있는 것이어야 합니다. 소비자들이 느끼는 문제가 중요하면 중요할

수록 그 문제를 해결하기 위해 신속하게 행동하게 되며, 비용도 아끼지 않을 겁니다.

요즘 여러분 아버지들이 느끼는 심각한 결핍이 무엇인지 아는지요? 만약 아버지가 회사에서 승진을 했다면 기쁨이 얼마나 오래갈까요? 상식적으로 커다란 성취감을 느낄 것 같잖아요? 성취감에서 오는 희열의 유효 기간은 고작 30분이라고 합니다. 게다가 성취감의 파도가 밀려가고 난 다음에는 허탈감이 온다고 합니다. 마음속에 공허감이 느껴진다는 뜻이지요. '이 자리에 오기까지 너무나 많은 것을 희생했다.' 라는 생각이 들지도 모릅니다.

이러한 사오십 대 남성들의 공허감을 채워 줄 수 있는 제품이나 서비스를 모아 놓은 공간이 바로 일렉트로마트입니다. 일렉트로마트는 최근 이마트에서 경제력이 있는 남성들을 겨냥해 만든 대형 장난감 매장입니다. 아버지들이 어렸을 적 가지지 못했던 장난감들 또는 지금 가지고 싶은 최신 기술의 장난감들을 모아 놓은 매장입니다. 아버지들은 장난감을 구입하면서 성공을 이루기 위해 치른 그간의 희생에 대한 보상을 받는다고 느낍니다.

인간이라면 누구나 갖는 심각한 결핍 중 하나가 외로움이라고 합니다. 특히 사회적 욕구 또는 관계에 대한 욕구가 잘 해소되지 않는 경우, 외로움의 크기는 점점 더 커집니다. 특히 여성의 경우에 결혼을 하고 육아로 직장을 그만두고 전업주부가 되면 사회적 지위를 상실하기 때문에 자존감이 떨어지기 쉽습니다. 게다가 사회적 관계도 매우 좁아지

기 때문에 관계의 상실감과 외로움을 크게 느낍니다. 이러한 상황에서 위로와 격려를 해 주어야 할 남편은 직장 생활로 눈코 뜰 새 없이 바쁘지요. 결국 서로 관계가 소원해집니다. 설레던 마음, 사랑했던 마음은 온데간데없고, 그저 같이 사는 오누이와 같은 마음이 된다고나 할까요? 그게 꼭 나쁜 건 아니지만 마음이 점점 공허해집니다. 남편과의 관계에서 채워지지 않는 외로움의 빈 공간을 어떻게 채울 수 있을까요?

이럴 때 여성들은 과거 나에게 많은 사랑을 주었던 첫사랑을 떠올린다고 합니다. 그래서 래미안 아파트는 '첫사랑의 추억이 떠오르는 설렘이 있는 공간'으로 이미지를 설정했습니다. 래미안 아파트에 살면 하루하루가 지루하지 않고 설렘으로 가득 찰 수 있다고 말합니다.

예전에는 아파트를 건설사 이름을 따라 삼성 아파트, 현대 아파트, 하고 불렀지요. 2000년대 들어서면서 건설사들도 브랜드의 중요성을 인식하기 시작합니다. 여러 건설사들이 짓고 있는 아파트들 가운데 특정 아파트를 선택해야 하는 이유가 뚜렷해야 한다는 것이지요. 삼성물산에서 지었다고 해서 성의 없이 삼성 아파트라고 하지 않겠다는 뜻입니다.

물론 중요한 것은 브랜드 이름이 아니라, 브랜

● 설렘을 강조한 래미안의 광고

드를 선택해야 하는 이유입니다. 아파트 분양 시장에서 자이나 아크로리버가 아니라 래미안을 선택해야 하는 이유를 소비자들에게 알려야하잖아요? 래미안은 여성들의 심각한 '외로움'을 해소해 주는 따뜻하고 열정적인 아파트를 표방합니다.

📊 하루에도 수십 번 변하는 소비자의 상태

앞으로 10년 후 우리가 어떤 삶을 살고 있을지, 대한민국이 어떠한 모습일지 예측이 되나요? 내일 일어날 일도 알 수 없는데, 10년 후에 우리가 어떻게 살고 있을지 알 수 있을까요? 어느 누구도 감히 먼 미래 우리 모습을 예측하기란 어렵습니다. 경제학 공식으로 만들어서 뚝딱뚝딱 계산해 낼 수도 없습니다. 수도 없이 많은 요인들이 얽히고설켜서 우리 삶에 변화를 만들어 냅니다. 설령 어떤 요인들이 우리 삶에 영향을 미치는지 안다고 하더라도, 그 요인들 사이에 또 변형이 일어나 새로운 요인이 생겨납니다. 마치 세포 변이가 일어나는 것처럼 말이지요. 그러니 언제 어디서 그러한 요인들이 갑작스럽게 변화할지, 그래서 결국 우리 삶에 어떤 영향을 미칠지 알아낼 수가 없습니다.

따라서 마케팅에서도 소비자가 앞으로 어떻게 변화할지 분석하고 예측하기는 매우 어렵습니다. 예측을 한다고 해도 적중률은 매우 낮다고 보아야 합니다. 그럼에도 소비자의 미래를 예측해야 하는 이유는, 우리가 만들게 될 제품이나 서비스는 지금 당장이 아닌 1년 또는 2년 또는 5년 후를 위한 것이기 때문입니다. 다만 먼 미래를 예측하기보다는 적중률이 더 높은 가까운 미래를 예측할 뿐입니다.

서울대학교 소비자학과의 김난도 교수와 그의 제자들은 매년 대한민국의 소비 트렌드를 발표합니다. 향후 1년간 소비 시장을 좌우할 소비자들 심리를 분석하여 책으로 널리 알리고 있습니다. 이렇게 가까운 미래에 있을 변화를 분석하고 정리하는 것은 매우 합리적인 예측 방법이라고 볼 수 있습니다.

담배 이야기를 잠깐 할까 합니다. 사실 하고 싶지 않지만 변하는 소비자에 대해 말하려니 피할 수가 없네요. 미국 뉴욕에 살고 있는 레베카라는 여성에 대한 이야기입니다. 레베카는 흡연을 좋아합니다. 레베카가 좋아하는 담배 브랜드는 '버지니아 슬림스'와 '말보로' 중 어떤 것일까요? 당연히 버지니아 슬림스입니다. 버지니아 슬림스는 여성 흡연자들을 위해 만들어진 담배 브랜드거든요. 가늘고 긴 여성의 손가락 사이에 꽂았을 때 더욱 여성스럽게 보일 수 있도록, 가늘고 긴 형태의 담배 개비 디자인을 갖추었습니다. 여성들이 색상과 향에 민감하니, 담배 개비에 파스텔톤의 색상을 입히고 여성들이 좋아하는 향도 살짝 넣었습니다.

레베카는 뉴욕 맨해튼의 유명한 패션 잡지사에서 에디터로 일합니다. 낮에는 직장에서 누구보다 열정적이고 치열하게 일을 하지요. 그런 레베카가 직장 근처에서 피우는 담배도 버지니아 슬림스일까요? 그렇지 않습니다. 직장 근처에서는 말보로를 피웁니다. 왜일까요?

제품 또는 브랜드는 소비자들이 가진 심각한 문제를 해결해 주는 방법입니다. 버지니아 슬림스가 아닌 말보로를 피우는 이유를 알기 위해서는 소비자들이 가진 심각한 문제가 무엇인지 먼저 찾아야 합니다. 직장 여성들이 가진 심각한 결핍 또는 문제는 무엇일까요?

남성들과 견주어 가장 어려운 점이 바로 체력적 한계라고 합니다. 며칠 출장을 다녀오거나 밤샘 작업을 하는 경우, 가장 견디기 힘들다고 합니다. 운동을 하거나 건강한 음식을 섭취하여 체력을 향상시킬 수는 있겠지만, 타고난 약한 체력을 이겨 내거나 남성의 체력을 따라가기 어렵다는 것이죠. 그런데 이렇게 체력적 한계에 부딪힐 때마다 말보로를 피우면 '카우보이의 근육과 힘이 내 몸 안으로 들어오는 것 같다'는 생각을 하게 된다고 합니다. 심지어 직장 여성들은 말보로를 피우면서 '힘이 난다'는 말도 합니다. 말보로는 오랫동안 힘센 근육질 남성들이 피우는 담배로 알려져 왔기 때문입니다. 그렇다면 레베카가 저녁 시간 퇴근하여 파티에 가게 된다면 어떤 담배를 피우게 될까요? 당연히 버지니아 슬림스일 겁니다.

개인 소비자가 선호하는 브랜드나 제품은 잘 변하지 않을 것이라고 흔히 생각합니다. 절대 그렇지 않습니다. 브랜드와 제품에 대한 선호는 소비자가 처한 상황에 따라 바뀌게 됩니다. 집이나 파티 장소에 있을 때와 직장에 있을 때 담배 브랜드에 대한 선호도가 달라지는 것처

● 남성의 힘을 강조한 말보로(왼쪽)와 여성스러움을 강조한 버지니아 슬림스(오른쪽)

럼요. 그 이유는 소비자가 처한 상황에 따라 소비자가 느끼는 결핍이 달라지기 때문입니다.

소비자는 항상 변하기 때문에, 소비자를 이해하기 위해서는 소비자의 나이, 성별, 교육 수준, 소득 수준과 같은 인구통계학적인 정보를 아는 것도 중요하지만, 그보다는 소비자가 처한 맥락을 아는 것이 더 중요합니다. 소비자가 어떠한 상황이나 시간, 장소에 놓여 있는가에 따라 느끼는 결핍이 달라지고, 그러한 결핍을 해소할 수 있는 제품이나 브랜드에 대한 선택도 달라집니다. 따라서 '십 대 소비자는 이런 것을 좋아할 것이다.', '삼십 대 여성 소비자는 이런 것을 좋아할 것이다.' 하는 고정적인 사고는 마케팅 관리자에게 조금 위험합니다. 소비자 행동의 큰 흐름은 알 수 있겠지만, 깊이 들어가면 맞지 않을 가능성이 매우 큽니다. 소비자들이 원하는 제품이나 서비스, 점포 환경, 가격 조건 등을 만들어 내기 위해서는 하루에도 수십 번 변하는 소비자들의 결핍을 잘 이해해야 하고, 그러기 위해서는 소비자들이 처한 맥락을 잘 살펴보아야 합니다.

소비자는 🧮
거짓말쟁이?

몇 년 전 어떤 시사 프로그램에서 여성 소비자들에게 비싼 해외 브랜드 가방이 인기를 끄는 이유를 알아내기 위해, 이를 구입한 경험이 있는 소비자들을 대상으로 간단한 인터뷰를 진행했습니다. 우리가 많이 알고 있는 루이비통, 프라다, 구찌 등 명품 가방을 구입하는 이유를 물었더니, 소비자들은 이런 대답을 합니다. "좋은 가방을 들고 다니면 기분이 좋아지니까요." "저가보다는 품질이 더 좋잖아요, 디자인도 이쁘고." "평생 AS가 되니까 그 점이 좋아서 계속 쓰는 거예요." 이것들이 정말 300~400만 원짜리 고가 해외 브랜드 가방을 구입하는 이유일까요?

군이 몇 백만 원짜리 고가 해외 브랜드 가방이 아니어도 사용하면 기분이 좋아지는 다른 여러 가지 제품들이 있습니다. 패션 전문가들이 말하기를 중저가 브랜드들도 디자인과 품질이 매우 뛰어나다고 합니다. 평생 AS가 된다고요? 설마요……. 물론 특정 기간 동안(구입한 날로부터 1년이 일반적입니다) 제품에 문제가 생기는 경우 무상 수리를 해 주는 곳도 있지만, 대부분 소비자가 비용을 지불해야 문제를 해결해 줍니다. 고가 해외 브랜드가 아니더라도, 모든 제품들의 제조사들은 비용을 지불하면 수리를 해 주는 서비스 센터를 운영합니다. 그러니 앞서 든 세 가지 이유는 고가의 해외 브랜드 가방을 구매하는 진정한 이유라고 보기 어렵습니다. 그렇다면 왜 소비자들은 자신의 생각을 말해 주지 않는 것일까요?

청소기 제조사는 진정으로 소비자들이 원하는 청소기를 만들고 싶어 합니다. 그래야 소비자들의 선택을 받을 수 있으니까요. 소비자들이 원하는 청소기란 어떤 것일까요? 소비자들 자신이 알고 있을까요? 불행히도 소비자 자신이 무엇을 원하는지 스스로 알고 있는 경우는 극히 드물다고 할 수 있습니다. 미국 하버드 대학교 경영 대학의 석학인 제럴드 잘트만 교수는 저서에서 이런 얘기를 합니다. 소비자들이 조사자에게 말해 주는 결핍은 실제 결핍 중 5%에 불과하다고요. 첫째, 자신들이 무엇을 원하는지 몰라서 말을 못 해 주거나, 둘째, 원하는 것이 있어도 솔직하게 말해 주지 않거나, 셋째, 말해 주려고 해도 정확하게 말로 표현하는 법을 몰라서 못 해 주는 경우 가운데 하나라고 합니다.

고가의 해외 브랜드 가방을 구입하는 진정한 이유를 말해 주지 않는 이유는 사회적 시선 때문입니다. 정말 말하고 싶은 것이 있다 하더라도, 상대방이 나를 어떤 사람으로 생각할지 걱정이 되지요. 그래서 결국 사회적으로 바람직한 응답을 해 주게 됩니다. 이런 경우를 '사회 편향적 응답'이라고 합니다. 갑자기 너무 어려운 용어가 등장했나요? 걱정하지 마세요! 이런 용어보다 소비자들이 솔직하게 응답을 해 주지 않는 이유를 아는 것이 마케팅 실무에 더 중요합니다.

전문 소비자 조사 업체들이 공통적으로 겪는 오류가 있습니다. 바로 소비자의 솔직한 생각을 읽어 내지 못한다는 것인데요. 그도 그럴 것

이 기본적인 조사 업체들의 구조를 이해한다면 당연한 일입니다. 소비자 조사에 참여하는 응답자들은 대부분 참여에 대한 감사 표시로 금전적인 보상을 받게 되는데요. 이러한 금전적인 보상은 당연히 많은 응답자를 모이게 하고, 응답자들이 소비자 조사에 적극적인 자세로 임하는 원동력이 됩니다. 금전적인 보상 없이 소비자 조사를 실시하기란 사실상 매우 어렵습니다. 그러다 보니 대부분 사람들은 이러한 경제적 대가 또는 보상을 전제로 소비자 조사에 응하게 됩니다. 보통 두 시간 동안 소비자 조사에 응하면 3~5만 원 정도 수고비를 받을 수 있습니다. 설문지 조사의 경우 몇 천 원 정도 수고비를 받을 수 있지요. 이렇다 보니, 조사 업체들이 실시하는 소비자 조사에 돈을 벌기 위해 아르바이트 형식으로 참여하는 사람들도 적지 않습니다.

이렇게 수집되는 소비자 조사 내용은 속 깊은 얘기보다는 우리가 일반적으로 모두 알 만한 평범한 내용이거나 어디서 들어 본 듯한 얘기, 사회적으로 지탄받지 않을 수준의 바람직한 얘기이기 일쑤입니다. 별로 자신에게 중요하지 않더라도 두 시간 동안 응답해야 하기 때문에 중요한 것처럼 이야기하기도 합니다. 이러한 소비자 조사 결과에 의존하여 제품을 만들었다가는 실패할 수밖에 없습니다. 기업들은 많은 비용을 소비자 조사에 투자합니다. 소비자가 원하는 것이 무엇인지 이해해야 그에 상응하는 제품을 만들 수 있기 때문입니다. 적게는 몇 백만 원에서 크게는 몇 억의 조사 비용을 들였는데, 그 결과가 이미 우리가 아는 내용을 확인하는 것뿐이라면 대체 소비자 조사가 무슨 의미가 있을까요?

소비자들은 거짓말쟁이일 수 있다는 가정을 머릿속에 새겨 두고, 어떻게 하면 소비자가 진실한 자기 얘기를 하게 만들 수 있을지, 말하고 싶은 것을 정확하게 말하도록 도울 수 있는 방법은 무엇인지, 그러기 위해서는 어떠한 조사 방법이 적합한지 등을 잘 따져 보아야 합니다.

좋아, 🛒
진짜로 원하는 게 뭐야?

마케팅 전략은 항상 새로워야 합니다. 기존의 다른 경쟁자들이 사용하던 전략을 활용한다면 '따라쟁이'밖에 안 될 것이고 우월한 기업으로 평가받기 어렵기 때문입니다. 새로운 마케팅 전략을 설계하기 위해서는 소비자의 새로운 문제를 찾아야 합니다. 그런데 새로운 문제를 찾아내는 데 설문지 조사는 의미가 없습니다. 이미 조사자가 아는 내용들을 기반으로 문항을 만들고, 소비자들은 조사자가 만든 문항을 골라서 인위적으로 답하게 되기 때문입니다. 일반적으로 설문지를 만들어서 많은 사람들의 응답을 취합하고 응답 수를 비교하는 조사 방법을 '정량적 조사 방법'이라고 합니다. 정량적 조사 방법은 수량을 '확인'하는 데 목적이 있기 때문에, '새로운' 소비자의 문제나 결핍을 알아낼 수 없습니다.

따라서 소비자들의 새로운 결핍을 찾아내기 위한 소비자 조사 방법으로 '정성적 조사'를 사용합니다. 일대일 대인면접법이나 표적집단면접법 등을 예로 들 수 있습니다. 이러한 정성적 조사 방법에서 소비자 몇 명이 이런 응답을 했다는 사실은 전혀 중요하지 않습니다. 소비자 개개인이 각각 어떤 응답을 했는가를 알아내는 것이 목적입니다. 정성적 조사 방법을 통해 소비자 내면에 있는 새로운 심각한 문제나 결핍을 찾은 후, 정량적 조사 방법(즉, 설문 조사)를 통해 많은 소비자들이 그와 같은 심각한 문제나 결핍을 가지고 있는지 확인하게 됩니다. 그러니 소비자 조사를 해야 한다고 해서, 먼저 설문지를 만들고 사람들을 찾아다니면서 설문에 응답하도록 요구하는 헛수고는 하지 말아야 합니다. 먼저 정성적 조사를 통해서 우리가 알지 못했던 새로운 소비자들의 심각한 결핍을 찾아내야 합니다. 절대로! 먼저 설문지부터 만드는 일은 없어야 합니다.

앞서 언급한 대로 여러분이 가장 쉽게 할 수 있는 정성적 조사 방법에는 일대일 대인면접법이나 표적집단면접법이 있습니다. 일대일 대인면접법은 말 그대로 소비자 한 사람을 만나서 준비된 질문을 던지고 응답을 얻어 내는 방식입니다. 한 사람의 생각을 집중적으로 탐색하여 좀 더 깊이 있는 응답을 얻어 낼 수 있습니다. 하지만 소비자 개인이 조사자가 던진 질문과 관련된 기억을 찾아내지 못하면 정확하고 구체적인 응답을 얻어 내지 못한다는 단점도 있습니다.

그러한 단점을 보완하기 위해 표적집단면접법을 사용할 수 있습니다. 표적집단면접법은 5~7명의 소비자들을 모아 놓고 조사자가 질문을 던지면, 참여자 여러 명이 서로 이야기를 주고받으면서 자신의 과거 경험을 기억하도록 돕는 방식입니다. 혼자서는 생각이 나지 않아서 정확하게 답변하지 못했더라도 다른 사람의 경험담을 듣다 보면 "엇? 나도 그런 경험이 있는데?", "나는 반대 경험이 있는데?" 하고 생각이 나거든요. 또는 다른 사람들의 이야기 속에서 과거 내 경험을 기억해 낼 수 있는 단서를 찾기도 합니다.

정성적 조사를 할 때 조사자는 어떤 질문을 준비해야 할까요? 너무 구체적인 질문보다는 큼직큼직한 질문이 좋습니다. 예를 들어 십 대를 위한 화장품 개발을 목적으로 조사한다면, 직접적으로 화장품에 대한 질문을 던지는 것은 바람직하지 않습니다. 그러면 이미 만들어져 있는 화장품에 대한 불평만 들을 뿐입니다. 물론 그 결과로 기존 제품을 보완할 상품 아이디어를 생각해 낼 수도 있겠지만, 여전히 기존 화장품 틀에서 벗어날 수가 없습니다. 정말 새로운 제품들을 만들어 내기 위해서는 소비자 조사 단계에서 제품 중심으로 질문을 던지기보다는, 십 대들의 외모에 대한 고민이 무엇인지부터 들어 보아야 합니다. 제가 조사자라면 이런 질문들을 던져 볼 것 같습니다. "요즘 외모의 어떤 부분이 더 많이 신경 쓰이십니까? 왜 그렇습니까?" "얼굴의 어떤 부분이나 부위를 개선하고 싶으십니까? 왜 그렇게 생각하십니까?" "예쁘다는 것은 무엇을 의미합니까?" "예뻐지기 위해서 어떤 노력을 하고 계십니까?"

화장품은 외모를 개선해 주는 수단일 뿐입니다. 그렇기 때문에 현재 사람들이 쓰고 있는 화장품, 즉 수단에 대해 질문하기보다는 소비자가 화장품을 사용하는 본질적 이유인 외모에 대한 고민을 알아보고 외모 관리에서 느끼는 새로운 결핍이나 문제들을 찾아서 이를 개선할 수 있는 화장품을 만들 수 있습니다. 외모에 대한 고민을 듣다 보면, 기존 제품과는 다른 새로운 제품의 씨앗을 발견할 수 있습니다. 심지어는 그러한 질문을 던졌을 때 나오는 응답으로 새로운 유형의 음료수도 만들 수 있습니다.

이렇게 소비자들의 결핍에 대해 질문을 던질 때는 절대 조사자 마음속에 예상 답안을 만들고 응답자가 그에 가깝게 응답하도록 유도하면 안 됩니다. 예를 들어, 탄산음료에 체리 향을 첨가할 것을 기획하고 있다고 해서 소비자에게 "탄산음료에 체리 향을 더하면 맛이 독특하고 좋지 않을까요?"라고 물어선 안 되겠지요. 이러한 질문에 굳이 '좋지 않다'고 응답할 소비자는 많지 않습니다. "탄산음료에 체리가 더해진다면 어떤 느낌일까요?"라는 열린 질문을 던져야 소비자들이 자신의 생각을 솔직하게 말하게 됩니다.

또한 소비자들에게 질문을 던졌을 때 나온 첫 번째 응답을 조사 결과로 보고하는 것은 의미가 없습니다. 첫 번째 응답은 대체로 머릿속에 떠오르는 평범하고 심각하지 않은 내용일 가능성이 큽니다. 따라서 첫 번째 응답이 나오면, 그 응답에 다시 질문을 던지는 방식으로 구체화해 나가야 합니다. 예를 들어, "침대를 왜 쓰시는지요?"라는 질문을 던지면 다들 약속이나 한 듯이 "잘 자려고요.", "숙면하려고요." 하고 답합니다. 만약 이러한 첫 번째 응답에 의존하면, 여러분이 여러 광고에서 봐 온 똑같은 침대 매트리스를 만들게 됩니다. 침대 매트리스 브랜드들의 광고를 좀 보세요. 다들 똑같은 얘기만 합니다. 인체공학적으로 설계되어서 얼마나 편안하게 잘 잘 수 있는지 말이죠. 시몬스 침대 광고에 브랜드 이름만 템퍼로 바꿔도 크게 이상해 보이지 않을 정도입니다.

이렇게 차별화되지 않은 침대 매트리스를 만들면 절대 경쟁에서 이길 수 없습니다. 침대 시장에서 1등이 될 수 없지요. 그렇기 때문에 침대를 사용하는 좀 더 근본적인 이유를 찾아야 합니다. "침대를 왜 사용하는지요?"라는 질문에 대한 첫 번째 응답이 만약 "잘 자려고요."라면, 다시 왜 잘 자는 것이 중요한지 물어야 합니다. 이렇게 응답에 다시 질문을 던지는 재질문 인터뷰 방식을 일컬어 래더링 기법(Laddering Technique) 또는 사다리 기법이라고 합니다. "잘 자는 것이 왜 중요한지요?"라는 질문을 던지면, 응답자는 조금 더 구체적으로 생각하기 시작하고 "잘 자고 내일 일을 잘해 내기 위해서요."라고 응답할 수 있습니다. 여기서 또 "내일 일을 잘해 내는 것이 왜 중요한지요?"라고 질문을 던지면, 응답자가 조금 더 구체적인 응답을 해 줍니다. "회사에서 인정받기 위해서요."라고 말이죠. 그럼 또다시 질문을 던져야 하겠지요? "회사에서 인정받는 것이 왜 중요한지요?"라는 질문을 던졌더니, "인정을 받아야 오래 회사에 다닐 수 있고, 자식 교육을 시킬 수 있을 테니까요."라고

● 똑같이 숙면을 강조하는 시몬스(위)와 템퍼(아래) 침대 매트리스

응답합니다.

　이러한 응답은 소비자의 나이, 성별, 사는 지역 등에 따라 달라집니다. 응답들을 종합해 보면, 침대를 사용하는 이유는 단순하게 잘 자기 위해서가 아닙니다. 예를 들어, 회사에서 좋은 성과를 내기 위해서, 더 나아가 돈을 많이 벌어서 가족을 위해 써야 하기 때문이라는 소비자 조사 결과를 활용한다면, 어떤 침대 매트리스를 만들 수 있을까요? 소비자는 어떤 침대 매트리스를 원하고 있는 것일까요? 그저 숙면을 목적으로 하는 침대를 원하지는 않을 겁니다. 단순히 잘 자는 것보다 내일 회사에서 업무 성과를 높일 수 있는 침대를 원한다는 것이죠. 그렇다면 회사에서 업무 성과를 높일 수 있는 침대 또는 내일 학교에서 좋은 성적을 얻게 해 줄 수 있는 침대는 어떤 형태여야 할까요? 자면서도 두뇌를 말랑말랑하게 해 주는 침대 또는 베개를 개발할 수 있습니다. 물론 기술적으로 어떻게 두뇌를 말랑말랑하게 해 줄 수 있을지는 연구 개발팀의 전문가들과 상의해야 합니다.

구매를 결정하기까지 💰 '과정'을 이해하라!

소비자가 제품을 선택하도록 유도하기 위해서는 소비자들이 어떠한 과정을 거쳐서 제품을 선택하고 구매하게 되는지 이해해야 합니다. 이것을 소비자 구매 의사 결정 과정이라고 합니다. 이 용어는 중학교 가사·기술 교과서에도 소개되어 있답니다. 그래서 얼마 전 중·고등학생들에게 소비자 구매 의사 결정 과정에 대해서 알고 있는지 물어보았더니, 대부분 자세히 기억하지 못하더군요. 배우긴 배운 것 같은데 그걸 왜 배운 건지, 무슨 내용이고 의미인지, 그것을 어디에 쓸 수 있는지 전혀 모르는 경우도 있었습니다. 마케팅에서 소비자 의사 결정 과정은 너무나 중요한 틀입니다. 소비자 의사 결정 과정을 추적하면서 제품이 잘 안 팔리는 이유를 알아낼 수도 있고요, 또 그 과정에서 당연히 팔 수 있는 전략도 생각해 낼 수 있습니다. 소비자 의사 결정 과정을 따라가 보면서, 마케팅 전략에 어떻게 활용이 되는지 살펴보기로 합시다.

소비자들은 '문제 인식 – 정보 탐색 – 대안 평가 – 구매 – 경험 – 경험 평가 – 폐기'의 총 7단계 구매 의사 결정 과정을 거치게 됩니다. 여러분이 가사·기술 교과서에서 접했던 구매 의사 결정 과정 모형은 아마 5단계 정도 되는 간단한 모형이었을 겁니다. 여기서 조금 더 깊이 있게 다루어 보겠습니다.

먼저 소비자들이 자신의 상태에서 결핍을 인식하는 단계가 '문제 인식' 단계입니다. '배가 고프다', '목이 마르다', '사랑받고 싶다', '피부가 거칠다', '인정받고 싶다' 등 자신의 상태에 대한 불편함을 인식하는 겁니다. 그런데 마케팅 관리자 입장에서는 소비자들이 스스로 자신의 불편함이나 결핍을 인식할 때까지 마냥 기다릴 수 없습니다. 소비자들

삶이 워낙 윤택해서 자신이 가진 문제를 인식하지 못하는 경우도 있습니다. 그래서 소비자들이 자신의 상태에 대한 문제 인식을 할 수 있도록 유도하는 마케팅 전략을 고민하게 되는데요. 가장 많이 활용되는 방법은 소비자들의 현재 상태가 편안하지 않음을 강조하는 방법입니다. 일반적으로 소비자들은 자신의 결핍이나 불편함이 눈에 보이지 않거나, 들리지 않거나, 감촉이 느껴지지 않거나, 냄새로 맡아지지 않거나, 맛이 느껴지지 않으면 문제 인식을 하지 못합니다. 즉, 인간이 가진 다섯 가지 감각에 어떤 경종을 울리지 않으면, 자신이 문제가 있다고 생각하지 않습니다. 지금 자기 손을 한번 내려다볼까요? 별로 문제가 없어 보입니다. 그런데 이는 사실이 아니죠. 손에는 세균이 득실거립니다. 세균이 눈에 보이지 않기 때문에 소비자들은 손을 씻어야 한다는 문제 인식을 하지 못합니다. 그래서 손 세정제 광고는 손에 있는 세

균들을 드러내 보여 줍니다. 이러한 방식으로 마케팅 관리자들은 소비자들이 자신의 상태에 대해 빠르고 강하게 문제 인식을 할 수 있도록 어떻게 유도할 것인가 하는 전략을 고민합니다.

소비자들이 불편함에 대한 문제 인식을 했다면 다음으로 그 문제를 해결하기 위한 다양한 정보를 탐색하게 됩니다. '정보 탐색' 과정의

● 내 손이 겉으로는 깨끗해 보이지만
세균으로 가득 차 있음을 강조하는 데톨의 세정제 광고

핵심 목표는 '어떠한 제품이나 서비스가 내 문제를 잘 해결해 줄 수 있을까?'에 대한 답을 찾는 일이죠. 그렇다면 마케팅 관리자는 어떤 준비를 해야 할까요? 소비자들이 우리 제품이나 서비스에 대한 정보를 잘 찾을 수 있도록 언제, 어디서, 어떤 내용의 정보를 제공할지 전략을 세워야 합니다.

앞서 소개했던 미국의 대형 마트 타깃 기억하지요? 타깃을 빠르게 성장시킨 마케팅 전략 중 또 하나가 매장 내 전화 서비스입니다. 대형 마트에 가면 내가 사려고 계획했던 물건을 찾기가 쉽지 않잖아요? 그렇다고 놀이공원처럼 매장 지도가 제공되는 것도 아닙니다. 그러니 매장 안에서 물건을 찾기 위해 카트를 밀면서 여기저기 돌아다니다 보면 힘이 듭니다. 게다가 참 이상하게도 보통 때는 주변에 점원들이 많이 보이다가, 내가 도움이 필요하다고 느끼는 때가 되면 주변에 아무도 없습니다. 마트 운영자가 이렇게 소비자들이 겪는 어려움을 모르는 것은 아닙니다. 다만 소비자들이 도움을 청할 때 즉시 해결해 주기 위해 매장 곳곳에 많은 점원들이 계속 대기하게 하거나 돌아다니게 할 수는 없습니다. 비용이 많이 들거든요. 게다가 고객이 언제 도움을 요청할지 알 수 없으니 얼마만큼 대기하고 있어야 하는지도 막연합니다.

타깃은 고객이 제품에 대한 정보를

필요로 할 때 '바로', '즉시' 도움을 줄 수 있는 서비스로 소비자들이 가장 친숙하게 느끼는 아날로그식 '전화'를 활용합니다. 타깃을 상징하는 빨간색으로 전화기를 제작하지요. 전화는 소비자들이 많이 지나다니는 매장 내 길목 곳곳에 설치되어 있는데요. 전화기를 들면 60초 카운트다운이 시작됩니다. 60초, 59초, 58초, 57초, …… 34초, 29초……이쯤 되면 저쪽에서 마트 점원이 나를 향해 뛰어오는 모습이 보입니다. 점원은 내가 전화기를 든 순간부터 60초 안에 나에게 와 줍니다. 정말 내가 필요로 하는 시간과 장소에서 정보 제공을 해 줍니다. 점원은 점포 안 어딘가에서 물품 정리나 다른 주어진 일을 하고 있었겠지요. 이 서비스에 대한 소비자들의 만족도는 최고였습니다.

그런데 곰곰이 따져 보니, 전화를 이용한 소비자 10명 중 8명의 질문이 대체로 같았습니다. 그 질문은 바로 "이거 얼마예요?"였습니다. 점원 입장에서는 소비자의 부름에 응답하기 위해 하던 일 다 제치고 열심히 뛰어왔는데 고작 가격에 대해 묻는 셈입니다. 그래서 점원을 불러 묻지 않고도 가격 정보를 더 빠르게 알 수 있도록 전화기 옆에 '가격 인식기'를 추가로 설치하게 됩니다. 가격 인식기 밑부분에 제품의 바코드를 비추면 화면에 가격이 나타납니다. 그러니 소비자 입장에서는 얼마인지를 알기 위해 점원을 부르고 60초를 기다릴 필요도 없어졌습니다. 이렇게 빨간색 전화 하나로 소비자들이 정보를 탐색하는 과정을 매우 빠르고 원활하게 도와주니, 어떤 제품이 필요하다고 문제 인식을 하게 된 소비자들이 당연히 타깃을 선택하지 않을까요?

예를 하나 더 들어 봅시다. 의류 점포에서 옷을 고르는 동안 이런 질문을 던지게 됩니다. 이 옷은 내가 보기엔 괜찮은데 남들이 보기엔 어떨까? 옷은 내 마음에만 든다고 해서 구입을 결정하기 어려운 제품입니다. 왜냐하면 옷은 나 자신을 표현해 주고 나라는 사람을 인정받게 만들어 주는 사회적 장치이기 때문이죠. 그래서 옷을 사기 전에 다른 사람에게 이 옷에 대한 생각을 묻고 싶을 때가 있잖아요. 어떻게 해야 할까요?

사람들이 이 옷에 대해 어떻게 생각하는지 알아야 합니다. 그래서 브라질 의류 브랜드 C&A는 매장에서 판매되는 의류를 모두 페이스북에 공개하고 많은 사람들이 와서 구경할 수 있도록 한 후, 맘에 드는 옷

● 페이스북을 활용하여 사회적 동의 정보를 제공하는 C&A 의류 브랜드

에 '좋아요'를 누르라고 합니다. '좋아요' 개수는 바로 매장 내 그 옷이 걸려 있는 옷걸이 계기판으로 실시간 전송이 되지요. 매장에서 옷을 고르는 고객들 입장에서는 친구에게 물어보지 않고 옷걸이의 계기판 정보만 보아도 충분히 이 옷이 인기 있는 옷인지 아닌지를 알 수 있습니다. 실제로 계기판 숫자가 높으면 높을수록 빨리 완판된다고 합니다.

이렇게 마케팅 관리자는 소비자들이 원하는 정보를 언제, 어디서, 어떻게 제공할 것인지 전략을 설계하고 실행합니다. 예전에는 대중 광고를 통해 정보를 제공하는 방식이 주를 이루었지만, 이제는 소비자들이 대중 광고를 자주 접하지 않기 때문에 광고의 중요성이 떨어지고, 대신 점포 내에서, 또는 소셜미디어를 활용하여 정보를 제공하는 방식을 더 많이 고민하고 있습니다.

소비자가 자신이 가진 문제를 해결하기 위해 여러 가지 정보를 취합했다면, 이제는 그러한 정보들을 잘 따져 보고 가장 우수한 문제 해결 능력이 있는 제품이나 서비스를 선택해야 합니다. 이러한 과정을 '대안 평가'라고 합니다. 노트북을 구매한다고 가정하면, 삼성전자, LG전자, HP, IBM 등 다양한 브랜드와 모델들이 소비자의 선택을 기다리고 있습니다. 소비자는 자신의 기준에 따라 어떤 브랜드와 모델이 자신의 문제를 가장 잘 해결해 줄지 고민하게 됩니다. 일반적으로 소비자는 자신의 기준이나 틀을 가지고 대안들을 평가하지요. 여기서 마케팅 관리자는 다른 브랜드가 아닌 자신의 브랜드를 선택하도록 유도하기 위해 대안 평가 과정을 조정하는 전략을 고민합니다. 그중 하나가 대안을 평가하는 과정에서 소비자가 활용할 수 있는 새로운 평가 기준을 제시하는 방법인데요.

두부를 예로 들어 보겠습니다. 풀무원, 종가집, CJ 등 다양한 브랜드 포장 두부를 놓고 소비자는 각자 화학 성분이 들어 있지 않은지, 국산 콩으로 만들었는지 등을 살피게 됩니다. 그런데 이렇게 각 브랜드 포장 두부를 평가하는 방식을 자사에 유리한 쪽으로 바꿀 수 있습니다. 이를 '틀 변경 전략(reframing)'이라고 하는데요. CJ 제일제당은 새로운 포장 두부를 출시하면서 소비자들에게 새로운 평가 기준을 제시했습니다. "두부 그렇게 고르시면 안 됩니다. 두부에 한 방울이라도 기름이 들어가 있는지를 확인하십시오."라고 말이죠. 다른 포장 두부들의 제조 공정에는 올리브유와 식물성유지가 들어가지만, CJ 두부에는 그런 기름 성분들이 들어가지 않았거든요. 주부들이 두부에 기름이 들어가 있을 것이라고 상상이라도 했을까요? '아니, 두부에 기름이 들어가 있었단 말이야?'라고 놀랍니다. 이후 주부들은 두부를 선택할 때 기준을 바꾸게 됩니다. 기름이 첨가되어 있는지 아닌지를 확인합니다. 결국 기름이 한 방울도 들어가지 않은 CJ 제일제당의 '행복한 콩'을 선택하기 시작하지요. 이처럼 마케팅 관리자들은 자신의 제품이나 브랜드를 더욱 우월하게 평가받기 위해서 소비자의 대안 평가 과정을 조정하는 전략을 고민해야 합니다.

대안 평가가 끝나면, 브랜드와 제품이 결정됩니다. 이제 소비자들은 구매 행동 단계로 넘어갑니다. 이 단계에서 마케팅 관리자는 한 개의 제품을 구매하러 온 소비자가 곧이곧대로 한 개만 사서 매장을 나가도록 두는 것이 아니라, 어떻게 하면 두 개 또는 세 개의 제품을 구매하도록 만들지 고민하게 됩니다. 그래서 요거트나 아이스크림, 탄산음료 등 여러 개의 제품을 구

● 기름이 들어가 있지 않음을 강조하는 '행복한 콩' 두부

입하도록 할인 행사를 기획하지요. 또는 한 개의 제품과 연결되어 있는 다른 제품을 추가로 구입하도록 유도하기도 합니다.

예를 들어, 두부를 구매하는 소비자들은 또 어떤 제품을 필요로 할까요? 이에 대한 답을 찾기 위해서는 두부를 왜 구매하는지 미리 조사해야 합니다. 두부를 구매하는 이유는 두부 부침을 해 먹기 위해서, 김치찌개나 된장찌개에 넣기 위해서라고 합니다. 자, 그러면 두부 옆에 김치를 함께 진열하면 소비자들이 잊지 않고 바로 김치를 구매하겠지요? 또는 김치를 많이 팔아야 한다면, 대용량 김치를 구입하는 소비자에게 두부를 덤으로 하나 얹어 줄 수 있습니다. 이렇게 마케팅 관리자는 구매 현장에서 소비자들이 더 많은 선택을 할 수 있도록 유도하는 전략을 고민해야 합니다.

소비자가 제품을 구매하면, 모든 것이 끝날까요? 그렇지 않습니다. 그다음은 소비자가 제품을 경험함으로써 자신이 느꼈던 결핍을 해소하는 단계입니다. 마케팅 관리자에게 소비자의 경험 단계는 매우 중요합니다. 만약 소비자가 제품을 통해 결핍 또는 문제가 잘 해결되지 않았다고 느끼는 경우, 다시는 그 제품을 구매하지 않을 가능성이 높습니다. 따라서 마케팅 관리자는 소비자가 제품이나 서비스를 경험하는 과정에서 겪는 문제를 살펴보고 소비자들이 즐겁게 제품을 경험하도록 유도하는 전략을 고민합니다.

오레오는 매우 달달한 초코 크림 과자입니다. 오레오의 문제는 몇 개만 먹어도 금방 질려 버린다는 점인데요. 게다가 조금만 먹어도 목

● 오레오를 우유와 함께 먹도록 유도하는 광고

이 텁텁합니다. 결국 오레오를 아무리 좋아해도 많이 먹기는 어렵습니다. 먹는 양이 적다 보니, 소비자는 오레오를 주로 하나씩만 구매하게 됩니다. 오레오 마케팅 관리자는 소비자들이 오레오를 많이 먹도록 할 수 있는 방법을 고민했지요. 그래서 "오레오를 드실 때는 항상 우유에 찍어 드세요."라고 말합니다. 우유에 찍어 먹으면 쿠키가 더 부드럽게 느껴지고 단맛도 줄일 수 있어서 많이 먹을 수 있습니다. 결국 이러한 전략은 소비자의 제품 경험 양을 늘려서, 이후 더 많은 제품을 구매하도록 유도합니다.

  니베아는 여름에 자외선 차단제를 많이 팔아야 하는데요. 마케팅 관리자 입장에서는 소비자가 자외선 차단제 한 통을 사서 여름 내내 쓰는 것보다는 두 통을 사서 쓰게 만드는 편이 자외선 차단제 매출을 올리는 데 도움이 됩니다. 자외선 차단제는 아빠, 엄마, 아들, 딸로 구성된 4인 가족 구성원을 기준으로 보았을 때, 누구에게나 필요한 제품입니다. 그런데 소비자 조사를 해 보았더니 가장 사용량이 적은 가족 구성원이 있었습니다. 누구였을까요? 바로 아이들이었습니다. 아이들은 엄마나 아빠가 챙겨 주지 않는 한, 스스로 자외선 차단제를 챙겨 바르지 않기 때문입니다.

그렇다면 어떻게 아이들이 자외선 차단제를 스스로 챙겨 바르게 할 수 있을까요? 그래서 만들게 된 것이 인형입니다. 어린이용 니베아 자외선 차단제를 구입하면 인형을 선물로 주는데요. 이 인형은 보통의 인형이 아닙니다. 내리쬐는 태양 아래 인형을 두게 되면, 인형 얼굴이

빨갛게 변합니다. 아이들은 정신없이 놀다가 인형을 보고 깜짝 놀라 자외선 차단제가 필요함을 인식하게 됩니다. 니베아 자외선 차단제를 인형에 발라 주면 다시 원 상태의 피부색으로 돌아오지요. 아이들은 인형에 자외선 차단제를 발라 주면서, 자신의 얼굴에도 바르기 시

● 어린이 자외선 차단제 사용량을 늘리는 인형 선물

작합니다. 니베아는 인형을 활용하여 아이들의 자외선 차단제 사용량을 늘려 궁극적으로 제품 판매량을 늘렸습니다.

제품을 경험한 후, 소비자들은 제품이 내 문제를 얼마나 잘 해결해 주었는지, 약속한 대로 해결이 되었는지를 평가합니다. 이러한 과정을 '경험 평가' 단계라고 합니다. 약속된 문제가 잘 해결되지 않은 경우, 마케팅 관리자는 소비자에게 교환이나 환불 및 수리 서비스를 제공해야 합니다. 우리나라에서는 제품을 구매한 뒤 7일 이내, 15일 이내, 30일 이내로 매우 짧은 시간 안에만 교환 및 환불을 받을 수 있습니다. 그러나 타깃에서는 이러한 교환 및 환불 과정이 매우 관대합니다. 구매 후 무려 90일 동안 제품 교환이나 환불이 가능한데요. 심지어 영수증도 요구하지 않습니다. 내가 제품을 구입할 때 사용한 신용카드만 있으면 됩니다. 그러면 알아서 타깃의 고객 센터 직원이 신용카드 내역을 추적해서 내가 언제 이 제품을 구입했는지 알아냅니다. 그렇게 확인이 되면, 바로 교환이나 환불 조치를 해 줍니다.

이렇게 쉽게 교환과 환불을 해 주면 소비자들이 너무 많이 요구하게 되어서 오히려 기업에 문제가 되지 않을까 생각할 수 있습니다. 그런데 결과는 그렇지 않습니다. 이렇게 교환, 환불이 편리하니 소비자들은 안심하고 더 많은 제품을 구입합니다. '일단 사고 필요 없으면 나중에 환불받으면 되지.'라는 생각으로 말이죠. 그럼 소비자가 구매한 제품을 정말 안 쓰게 되었다고, 나중에 환불받으러 매장에 올까요? 그러지 않는 경우가 더 많습니다. '이왕 샀는데 집에 두고 쓰지 뭐.'라고 생각합니다. 그러니 교환과 환불이 늘기는커녕 오히려 제품이 더 많이 팔리게 됩니다.

제품을 일정 기간 경험하면 결국 제품의 문제 해결 능력이 떨어져 폐기해야 하는 단계로 들어갑니다. 예전에는 '폐기' 단계가 구매 의사 결정 과정에서 중요하게 고려되지 않았는데요. 최근에 빠른 속도로 신제품이 출시되면서 마케팅 관리자 입장에서는 소비자들이 제품을 쓰고 버리는 속도를 앞당기는 일이 중요해졌습니다. 심지어 냉장고의 경우도 적어도 1년에 한두 종의 신제품이 출시되는데요. 문제는 소비자들 집에 있는 냉장고가 너무나 작동이 잘되고 있다는 겁니다. 그러니 아무리 신형 냉장고가 출시되었다 하더라도 잘 팔리지 않습니다. 그렇다면 어떻게 소비자들이 기존 냉장고를 처분하고 새로운 냉장고를 구입하도록 유도할 수 있을까요? 경제적으로 보상을 해 주는 방법이 있습니다. 소비자가 가지고 있는 기존 냉장고를 20만 원에 구입하고, 새로운 냉장고를 판매하는 전략을 고민해 볼 수 있습니다.

칫솔은 어떨까요? 예전 칫솔들은 한 달만 써도 모가 금방 닳아서 교체해야겠다는 생각이 들었는데, 기술의 발달로 아주 튼튼한 칫솔모가 만들어지면서 이제는 6개월을 써도 교체할 생각이 들지 않습니다. 기업 입장에서는 어떻게 하면 3개월만 쓰고 버리게 할 수 있을지 고민하게 됩니다. 그래서 오랄비 인디케이터 칫솔은 교체 시기를 알려 주는 파란색 선을 그려 넣었습니다. 쓰면 쓸수록 파란색이 희미해지지요. 소비자들은 당연히 칫솔이 낡았다고 느껴 새 칫솔로 바꿔야 한다고 인식하게 됩니다.

이렇게 마케팅 관리자는 소비자들이 어떠한 과정을 거쳐 구매와 사용에 대한 의사 결정을 하는가 끊임없이 고민하여, 각 과정을 조정할 수 있는 전략을 설계해야 합니다.

3 진짜 '적'은
어디 숨어
있을지 몰라

경쟁자 분석

기업 실무자들이 경쟁자들을 분석한 보고서를 살펴보면, 그들의 성공 이유를 소비자 관점이 아닌 실무자의 전문적 시각에서 분석을 해 놓은 경우가 많습니다. 그러한 성공 이유가 소비자가 정말 그 제품을 선택한 이유였는지는 알 수가 없지요. 만약 잘못된 경쟁자 분석 결과를 바탕으로 마케팅 전략을 설계했다가는 오히려 우리 제품을 어려움에 빠뜨릴 수 있습니다.

전문가가 아니라
소비자의 눈으로

경쟁자를 분석한다고 하면, 경쟁자가 누구냐를 정의하기에 바쁘거나, 경쟁자의 제품이나 가격 등 보이는 사항들을 형식적으로 나열하기 일쑤입니다. 이는 분석이 아니라 그냥 정보 나열이라고 할 수 있지요. 이렇게 단순한 접근을 하지 않기 위해서는, 우리가 왜 경쟁자를 분석하는지 그 이유를 알아야 합니다. 이유를 알면 경쟁자 분석 내용이나 접근 방법이 달라질 수 있습니다.

경쟁자를 분석하는 이유는 경쟁자가 잘해 낸 전략을 배워 오거나, 경쟁자가 혹시 시장에서 잘 못하는 것이 있다면 이를 발판 삼아 더 나은 전략을 만들어 내기 위해서입니다. 그렇다면 경쟁자가 잘하는지 못하는지는 누가 결정할까요? 마케팅 관리자나 전문가가 판단할 수 있을까요? 그렇지 않습니다. 소비자가 결정합니다. '이 제품이나 브랜드는 이래서 참 좋아요.'라는 소비자의 생각이 경쟁자의 장점이 되고, '이

건 좀 부족한 것 같아요.'라는 생각이 경쟁자의 단점이 되지요. 그러니 경쟁자가 누구이고, 연간 매출은 얼마이며, 그들이 어떤 제품들을 기획하여 팔고 있으며, 가격은 얼마인지 분석하기보다, 소비자들이 왜 우리 제품이 아닌 경쟁자 제품을 선택하는가 알아내는 일이 중요합니다. 그래야 소비자들이 경쟁자를 선택하는 이유를 우리 제품이나 서비스로 끌어오거나, 경쟁자를 이겨 낼 그 이상의 이유를 만들 수 있습니다.

경쟁자의 전략을 분석한다고 하면, 소비자 관점에서 소비자들이 왜 경쟁자의 제품을 선택하는지, 소비자들이 경쟁자의 가격을 어떻게 생각하는지, 경쟁자 제품을 구매하는 과정은 어떠한지 등을 알아내야 합니다. 소비자가 경쟁자의 제품을 선택하는 이유를 분석해야 진정한 경쟁자 분석이지요. 그런데 실제로 기업 실무자들이 경쟁자들을 분석한 보고서를 살펴보면, 그들의 성공 이유를 소비자 관점이 아닌 실무자의 전문적 시각에서 분석을 해 놓은 경우가 많습니다. 그러한 성공 이유가 소비자가 정말 그 제품을 선택한 이유였는지는 알 수가 없지요. 만약 잘못된 경쟁자 분석 결과를 바탕으로 마케팅 전략을 설계했다가는 오히려 우리 제품을 어려움에 빠뜨릴 수 있습니다.

청소기는 우리가 일상생활에서 많이 쓰는 생활 가전제품 중 하나입니다. 청소기 하면 단연코 다이슨이라는 브랜드가 전 세계 1등인데요. 최근 우리나라 소비자들에게도 다이슨은 많은 사랑을 받고 있습니다. 작은 크기 청소기 한 대에 100만 원가량으로 매우 고가인데도 왜 소비자들은 다이슨이라는 청소기를 구입하는 것일까요?

상황이 이러하다 보니, 글로벌 청소기 제조사들은 고민이 많습니다. 우리 기업이 만드는 청소기도 다이슨 못지않게 성능이 좋고 품질이 뛰어남에도, 소비자들은 다이슨만 선택합니다. 그러니 우리나라 청소기 제조사들은 다이슨이라는 경쟁자를 어떻게 이겨 낼 것인가 고민할 수밖에 없겠지요. 다이슨을 이길 수 있는 전략을 만들어 내기 위해서는, 먼저 다이슨의 마케팅 전략에 대해 알아보아야 합니다. 다이슨 청소기는 사이클론(Cyclone)이라는 흡입 장치가 있고, V8 모터를 사용하고 있습니다. 그런데 이 자체가 소비자들이 다이슨을 선택한 이유인지는

● 다이슨 청소기의 사이클론 기술을 강조하는 광고

알 수가 없습니다. 여기서 더 나아가 어떻게 이러한 전략이 소비자를 다이슨으로 이끌었는지를 좀 더 분석해야 합니다. 단순히 사이클론이라는 흡입 장치를 사용해서, 또는 V8이라는 모터를 사용해서가 아니라는 말이지요.

다이슨은 청소기 흡입 기술로 '사이클론 기술'을 사용하고 있다고 말하는데요, 이것은 실제 공학에서 사용하는 흡입 기술의 정식 명칭이 아닙니다. 다이슨 기업의 회장인 다이슨이 청소기의 흡입 장치에 사이클론이라는 이름을 붙인 겁니다. 그렇다면 왜 다이슨 회장은 흡입 장치에 공학자들이나 전문가들이 인정해 줄 만한 멋진 공학 기술명을 사용하지 않았을까요?

그 이유는 소비자들 때문이었습니다. 공학자 같은 전문가들만 알 수 있는 흡입 기술이나 장치 이름은 소비자들에게 아무 의미가 없기 때문입니다. 소비자들이 쉽게 이해할 수 있는 청소기 흡입 장치의 이름을 찾았던 겁니다. 우리나라 소비자들에게는 크게 와 닿지 않을 수 있지만, 호주나 미국 소비자들에게 사이클론, 즉 태풍은 너무나 무서운 존재입니다. 세상의 모든 것을 가차 없이 흡입해 버리는 무서운 기후 유형이라고 할 수 있지요. 동화《오즈의 마법사》알지요? 미국 캔자스 농장에 살던 소녀 도로시가 태풍에 휩쓸려 신비한 나라 오즈로 가게 되는 이야기이지요. 그때 등장했던 태풍을 기억하나요? 미국 사람들은 그러한 태풍의 힘을 직간접적으로 항상 경험하고 있습니다. 그러니 청소기 안에 태풍이 들어가 있다고 하면 굳이 어렵고 멋진 기술 용어로

설명하지 않더라도 아주 쉽게 이 청소기의 흡입 능력을 이해할 수 있습니다.

경쟁자를 분석할 때 중요한 것은 다이슨이 사이클론 흡입 장치를 사용했다는 사실이 아니라, 소비자들이 다이슨의 사이클론 흡입 장치를 어떻게 이해하고 받아들였는가입니다.

경쟁자 분석의 본질을 이해하지 못하고, 단순히 보이는 면에만 치중하다가는 마케팅 비용을 낭비할 수 있습니다. 다이슨 청소기의 경우, 제임스 다이슨 회장이 직접 광고에 출연하여 제품의 탁월함에 대해서 소비자들을 설득해 왔습니다. 이러한 광고 전략이 왜 의미가 있을까요? 기업 회장이 직접 제품 품질을 보증한다는 것이 좋은 전략일까요? 아니면 소비자들이 잘 알고 있는 유명 연예인이 제품 품질에 대해 말해 주는 광고 전략이 오히려 더 의미가 있을까요?

앞서 살펴보았지만, 중요한 것은 소비자들이 어떻게 받아들이느냐이지요. 다이슨 회장이 광고에 직접 출연한 것은 소비자들 입장에서 상당한 의미가 있습니다. 다이슨 회장은 직접 수년에 걸쳐 연구와 실패를 거듭한 끝에 오늘의 다이슨 청소

James Dyson
Inventor of cyclonic vacuum technology

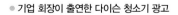

● 기업 회장이 출연한 다이슨 청소기 광고

기를 개발해 낸 공학자입니다. 평생 청소기만 연구했지요. 유럽, 호주, 미국의 소비자들은 다이슨 회장이 다이슨 청소기의 개발자라는 사실을 대체로 많이 알고 있습니다. 이러한 조건에서 다이슨 회장이 직접 광고에 등장하여 소비자들과 소통하는 자세는 소비자가 다이슨 청소기의 품질에 신뢰를 갖는 데 매우 중요하게 작용합니다.

그런데 단순하게 기업 대표가 대중 광고에 등장했다는 점을 성공 요인으로 분석하여, 우리 기업도 그러한 방식으로 접근해야 한다는 결론을 내리면 매우 곤란합니다. 청소기 제품 광고와 제품 브로슈어, 설명서에 유럽이나 호주 소비자들이 전혀 알지 못하는 기업의 대표가 등장하게 된다면 어떨까요? 아무도 그 광고를 이해하지 못할 겁니다. 광고에 등장한 인물이 누구인지조차 알지 못하는데 그가 주장하는 제품의 품질에 대한 신뢰를 줄 수 있을까요? 적어도 광고에 등장하는 기업 대표는 광고를 접하는 소비자들이 기본적으로 알고 있는 인물이어야 의미가 있고, 설령 잘 모른다 하더라도 제품 품질을 보증할 수 있을 정도로 전문성이 있어야 합니다. 이러한 조건을 충족할 수 있을 때 같은 방식으로 접근할 수 있겠지요.

🖩 경쟁자는 의외의 곳에 있다

자, 그렇다면 경쟁자 분석의 목적을 이해했으니, 경쟁자가 누구인지 정하는 방법을 살펴보도록 하지요. 먼저 질문 하나 던져 보겠습니다. 한국야쿠르트 판매원(우리한테는 '아줌마'라는 호칭이 익숙하지만, 한국야쿠르트 기업 내부에서는 여사님으로 부른다고 합니다)의 경쟁자는 누굴까요? 대다수 사람들은 그야 편의점, 마트, 인터넷 사이트, 다른 제조사의 우유 배달원이라고 생각합니다. 이런 정도의 경쟁자는 마케팅을 공부하지 않은 일반인 누구나 상식적으로 생각할 수 있습니다. 이 책을 읽고 있는 여러분은 한 단계 더 깊은, 그리고 실무적으로 의미가 있는 마케팅 전문 지식이 필요하겠지요? 이 책을 읽는 이유 또는 마케팅을 배워야 하는 이유가 여기에 있다고 할 수 있습니다.

'야쿠르트 아줌마'의 경쟁자, 그 답은 '학습지 선생님'이라고 합니다. 물론 그 경쟁자가 항상 정해져 있는 것은 아닙니다. 중요한 것은 왜 학습지 선생님이 야쿠르트 아줌마의 경쟁자가 되는지 이유를 아는 일입니다. 이유 또는 원리를 알아야 변하는 소비자들 흐름에 맞추어 경쟁자 선정과 분석을 진행할 수 있습니다.

앞서 언급했지만, 경쟁자를 선정하기 위해서는 먼저 소비자가 누구인지 살펴보아야 합니다. 대다수 야쿠르트 아줌마를 통해 유제품, 건강 음료를 배달받는 가정은 어린아이가 있는 가정이라고 합니다. 유통

기한이 짧은 우유나 요거트를 그때그때 구입하러 가기 어려우니 신선하게 배달받는 서비스를 이용합니다. 그런데 이런 가정에 변화가 생깁니다. 또래 친구들 가정 이야기를 들어 보니, 이미 학습지를 시작한다고들 합니다. 우리 아이도 뒤질 수 없으니 빨리 학습지를 시작해야 합니다. 그런데 문제가 있습니다. 학습지를 하려고 알아 보니 교육비가 만만치 않습니다. 기본 교구 구입비로 24만 원이 필요하고요, 매달 선생님 방문 지도를 위해 5만 원 정도의 비용이 필요합니다.

내가 사고 싶은 것을 무한정 살 수 있는 경제력을 갖춘 사람은 많지 않을 겁니다. 여러분도 잘 생각해 보세요. 여러분이 한 달에 받는 용돈은 정해져 있지요? 아마 매일 그 용돈을 쪼개서 어디에 쓸 것인지 결정을 하겠지요. 엄마들도 마찬가지입니다. 한 달에 생활비로 지출하는 비용은 정해져 있거든요. 매일 정해진 비용을 쪼개서 필요한 곳에 지출하고 있습니다. 아이 한글 교육을 시작하려고 보니 그 비용을 어떻게 마련해야 하는가에 대한 문제를 해결해야 합니다.

자, 이때 엄마는 어떻게 해야 할까요? 아이 교육비를 마련하기 위해 일을 해야 할까요? 일반적인 주부라면 대체로 한 달 지출 비용의 대상들을 중요한 것부터 덜 중요한 것으로 나열한 후, 가장 덜 중요한 것을 없애서 교육비를 마련하려고 하겠지요. 즉, 중요한 대상에 먼저 지출을 결정하는 방식입니다. 야쿠르트 유제품을 주기적으로 배달받아서 먹는 것은 지금 우리 가정에서 중요한 문제가 아니니 가장 먼저 지출 목록에서 제외됩니다. 이렇게 덜 중요하다고 생각되는 것들을 하나하나 없애면서, 결국에는 한글 교육을 위한 교구 비용과 선생님 방문 지도 비용을 만듭니다. 그 결과, 야쿠르트 아줌마의 주요 고객들이 학습지 선생님의 고객으로 옮겨 가게 되지요.

그렇다면 한국야쿠르트에서는 이 상황을 어떻게 극복할 수 있을까요? 우리가 경쟁자 분석을 하는 이유는 앞서 설명한 것처럼, 고객이 경쟁자를 선택하는 이유를 배워 우리 제품에 그 이유를 넣어 주기 위해서, 또 하나는 경쟁자의 부족한 점을 알아내 우리 제품의 우월성을 강조하기 위해서입니다. 한국야쿠르트는 학습지 선생님에게 고객을 빼앗기지 않기 위해, 엄마들이 학습지를 선택하는 이유를 배워서 한국야쿠르트 제품이나 판매원의 서비스를 변화시켜야 합니다. 또한 한국야쿠르트 제품의 중요도를 높이는 작업이 필요합니다.

주요 구매자인 엄마들의 심각한 결핍은 아이 교육이고 이 문제를 해결하기 위해 학습지를 선택하기 때문에, 한국야쿠르트 제품에도 이러한 고민을 해결해 줄 수 있는 무엇인가가 필요합니다. 그래서 어린이들의 두뇌 활동에 도움이 될 수 있는 오메가3나 DHA 성분이 포함된 유제품들이 등장합니다.

그렇다면, 학습지보다 요거트의 중요도를 높일 수 있는 방법은 무엇이 있을까요? 학습지의 목적은 아이들의 지식 수준 향상에 집중되어 있어서, 그 시기에 가장 중요한 성장 문제를 해결해 주진 않습니다. 그러니 성장 문제 해결 능력을 강조하면 요거트의 중요도를 높일 수 있습니다. 그런데 기존 요거트는 어린이의 성장 문제를 해결해 주지 않

● 요플레사의 어린이 키 성장용 요거트 프로포스(왼쪽)와 한국야쿠르트의 어린이 성장용 우유(오른쪽)

습니다. 그래서 기존 요거트의 단백질 성분을 두 배로 강화한 근육 강화용 요거트를 만들게 됩니다. 미국 요플레사에서 2013년도에 출시한 프로포스라는 제품이 그 예입니다. 이 제품은 "공부 열심히 해서 좋은 대학 가면 뭐 합니까, 키가 작은데."라는 메시지를 담고 있습니다. 성장은 아이들에게 학습 못지않게 중요한 문제이므로 이러한 문제 해결 능력을 강조하면서 학습지 선택보다 유제품 선택이 더 중요하다고 설득하는 것입니다. 한국야쿠르트에서는 '하루 우유 성장 프로젝트 180'이라는 브랜드 이름으로 우유 제품을 판매하고 있습니다.

경쟁자를 선정하는 방법은 크게 세 가지로 정리할 수 있습니다. 첫째, 소비자가 가진 생활의 문제를 같은 방식으로 해결해 주는 제품이나 서비스입니다. 둘째, 소비자가 가진 생활의 문제를 다른 방식으로 해결해 주는 제품이나 서비스입니다. 셋째, 방금 다루었던 한국야쿠르트 사례처럼, 소비자가 생각하기에 더 중요한 제품이나 서비스입니다.

동서식품의 티오피 캔커피가 경쟁자를 정의한다면, 첫 번째 경쟁자는 커피에 대한 문제를 같은 방식으로 해결해 주는 다른 캔커피 제조사 또는 브랜드가 됩니다. 롯데 칸타타, 조지아 고티카, 빙그레 아카페라 등이 그 예입니다. 그런데 생각해 보면, 동서식품의 입장에서 이런 경쟁자들로부터 크게 배울 점이 있을까요? 커피의 맛을 더 부드럽게 한다거나, 고품질 원두를 사용한다거나 하는 기본 요건들 외에는 크게 다를 것이 없어 보입니다. 이렇게 다른 캔커피 브랜드의 마케팅 전략을 분석하더라도, 어떻게 보면 너무나 당연하여 크게 배울 수 있는 점

● 동서식품의 맥심 티오피 vs. 빙그레의 아카페라 vs. 롯데칠성의 핫식스

을 찾기 어렵습니다. 우리가 경쟁자를 분석하는 이유는, 경쟁자 제품을 선택하는 소비자들을 우리 제품으로 끌어오기 위해서잖아요.

피로나 졸음 문제를 해결하고자 커피를 마시는 소비자들이라면 캔커피만이 아니라 다른 방식으로도 해결할 수 있습니다. 예를 들어, 홍차나 에너지 음료 또는 비타500이나 박카스를 마실 수도 있습니다. 그렇다면 캔커피 브랜드의 경쟁자는 캔커피 시장의 다른 유사 브랜드가 아니라, 홍차 음료나 에너지 음료가 될 수 있습니다. 그렇다면 소비자들을 빼앗기지 않기 위해 그것들을 선택하는 이유를 조사하여, 그 이유를 캔커피에 담아내야 합니다.

조금 더 나가 볼까요? 중·고등학생들에게 캔커피 구매보다 더 중요한 일이 무엇이 있을까요? 이것도 중요한 경쟁자가 됩니다. 여학생들은 캔커피 마실 돈을 아껴서 립 틴트를 구입할 수도 있겠지요. 여학생들에게 외모를 돋보이게 하는 것이 피곤을 없애는 것보다 더 중요한 문제일 수 있으니까요. 이럴 수가! 티오피 마케팅 관리자로서는 어이가 없을지도 모릅니다. 그렇다면, 중·고등학교 여학생들이 립 틴트를 구매하는 데 용돈을 쓰지 않고, 티오피를 자주 구매하도록 유도할 수 있는 방법은 무엇일까요? 티오피를 3개 이상 구매하면 작은 틴트를 선물하는 마케팅 전략을 고민할 수도 있고, 십 대 여학생들이 즐겨 마실 티오피 소녀(girl) 버전을 만들 수도 있습니다.

경쟁자 분석을 위해서는 소비자들의 제품 선택 과정을 잘 살피고, 우리 제품과 비슷한 제품, 다른 유형의 제품, 중요도가 높은 제품에 대한 소비자들의 구매 또는 선택의 이유를 찾아서, 의미 있는 마케팅 전략을 설계해야 합니다.

🛒 우리 기업이 잘할 수 있는 것은 무엇일까?

소비자 조사와 경쟁자 분석을 끝내면, 대체적으로 소비자들이 무엇을 원하는지 알게 되고, 그래서 우리가 무엇을 해야 하는지 그림이 그려집니다. 그 이후에는 우리 기업이 잘할 수 있는 영역과 잘하기 어려운 영역을 따져 봐야 합니다. 아무리 소비자들이 가진 결핍이나 문제가 심각하다 하더라도, 이러한 문제를 해결할 수 있는 역량이 부족하면 의미가 없으니까요. 이러한 과정을 기업 역량 분석이라고 합니다.

기업 역량 분석은 어렵지 않습니다. 우리가 잘해 온 영역, 앞으로 기술 개발을 통해 잘할 수 있는 잠재성이 있는 영역, 그리고 우리가 잘하지 못해 온 영역, 앞으로도 잘해 내기 어려운 영역들을 구분하면 됩니다. 예를 들어, 스타벅스를 이용하는 대다수 젊은 여성 소비자들이 느끼는 중대한 결핍은 외모 관리입니다. 스타벅스는 커피 제조에 대해서는 누구보다도 뛰어난 역량을 가졌지만, 패션이나 화장품 제조에 대한 역량은 전혀 없다고 볼 수 있습니다. 소비자가 원한다고 해서 스타벅스가 화장품 사업을 할 수 있을까요? 아마 쉽지 않을 겁니다. 이런 것들을 가려내는 작업을 하면 됩니다.

기업 역량을 분석할 때 주의해야 할 점은, 기업 관점보다 소비자들 관점을 중요시하는 것입니다. 소비자들이 생각하기에 우리 기업이 잘한다고 여겨지는 것들과 못한다고 여겨지는 것들을 구분할 수 있어야 합니다. 우리는 잘한다고 생각하지만 소비자들은 그렇게 생각하지 않을 수 있거든요. 중요한 것은 기업 생각이 아니라 소비자들 생각입니다.

놀랍게도 이제까지 여러분은 '3C 분석'을 해냈습니다! 3C 분석이 무엇이냐고요? 우리가 마케팅 전략을 설계한다고 하면 가장 먼저 해야 하는 일이 시장 분석인데요. 시장이 어떻게 변화하고 있는지, 시장에 어떤 일이 일어나고 있는지 알아야 하지요. 이때 시장을 구성하는 이해관계자들이 어떻게 서로 교류하고 있는지를 알아내는 일이 중요합니다. 시장에서 중요한 역할을 하고 있는 세 가지 이해관계자가 바로 3C입니다. 제품을 선택하는 소비자(Consumer), 우리와 경쟁하는 경쟁자(Competitor), 그리고 우리 기업(Corporate), 이렇게 세 집단이지요. 다시 말해서 3C 분석은 소비자, 경쟁자, 우리 기업의 삼각관계를 이해하는 과정입니다.

4 좋아, 너로 정했다!

세분화와 타깃팅

Consumer

Targeting

Merchandiser

Franchiser

3C

Primacy Effect

제품을 필요로 할 소비자 집단을 세분화하는 방법은 매우 다양합니다. 나이, 소득 수준, 성별, 교육 수준과 같은 인구통계학적인 기준으로 나눌 수 있고요. 가치관이나 성격, 생활 패턴과 같은 라이프스타일 기준으로 나눌 수도 있고요. 구매 빈도나 충성도와 같이 행동을 기준으로 나눌 수도 있습니다. 어떤 기준을 써야 하는지는 제품에 따라 너무나 다릅니다.

우선순위를 정하자

만약 이미 제품이 만들어져 있고, 이 제품을 많이 팔아야 한다는 마케팅 목표가 설정되어 있다면, 가장 먼저 '누구에게 팔고 있는가' 점검해 보아야 합니다. 즉, 소비자 관점에서 우리 제품을 누가 필요로 할지를 가장 먼저 생각해야 합니다.

에너지 음료를 개발했다고 가정해 봅시다. 이 에너지 음료를 누가 가장 필요로 할까요? 에너지 음료는 카페인 성분이 많이 들었기 때문에, 카페인 성분을 필요로 하는 소비자가 누구인지 구체적으로 생각해 보아야 합니다. 성적 향상을 위해 밤새 공부하는 중·고등학교 학생들, 학점 관리와 다양한 교외 활동을 위해 잠을 줄여야 하는 대학생들, 취업 준비로 바쁜 이십 대, 많은 업무량에 밤샘 작업을 해야 하는 삼십 대 직장인들이 있겠지요. 이렇게 제품을 필요로 하는 다양한 집단들을 찾아내는 과정을 '소비자 집단 세분화(Segmentation)'라고 합니다. 세분화 과정을 거치면 우리 제품의 잠재 소비자 집단이 보이기 시작합니다. 결국 우리가 누구를 대상으로 제품을 팔아야 할지 명확해집니다.

그런데 문제가 있습니다. 에너지 음료를 필요로 하는 다양한 소비자 집단 모두를 대상으로 마케팅 활동을 할 수 있을까요? 개별 소비자 집단들이 가진 다양한 결핍들을 채워 줄 수 있는 각각의 제품을 개발하고 마케팅 활동을 하려면 정말 많은 비용이 필요한데요. 큰 기업이든 작은 기업이든 나름대로 마케팅 자원(돈이나 인력)의 한계를 가지고 있습니다. 따라서 가장 필요한 곳을 선택하여 자원을 집중하는 방식으로 마케팅 자원을 효율적으로 활용해야 합니다. 그렇다면 에너지 음료를 필요로 하는 여러 집단을 대상으로 마케팅 활동을 고민하기보다는, 그중에서 에너지 음료에 대한 중요성을 가장 크게 느끼는 집단을 골라 마케팅 활동을 하는 편이 유리합니다.

단기간 동안 무엇인가에 도움을 받아서 수면 시간을 줄이는 일이 특히 중요한 소비자 집단은 어떤 집단일까요? 아마도 대학생 또는 취업 준비생일 것 같습니다. 물론 어떤 집단이 가장 큰 결핍을 느끼고 있는가는 정량적 조사를 통해 객관적으로 확인해야 합니다. 이렇게 앞으로 만들어질 제품에 대한 심각한 결핍을 느끼는 소비자 집단을 선택하여 마케팅 자원을 집중하는 과정을 타깃팅(Targeting)이라고 합니다.

타깃팅은 특정 소비자 집단만을 대상으로 제품을 판매하겠다는 의도는 아닙니다. 누구를 대상으로 팔 것인가에 대한 우선순위를 정하는 일입니다. 즉, 에너지 음료를 가장 많이 필요로 할 소비자 집단 1순위(대학생과 취업 준비생), 2순위(중·고등학생), 3순위(직장인)를 정하고, 1순위 집단을 대상으로 마케팅 활동을 충분히 하여 목표를 달성한 후 2순위 집단으로 넘어가 자원을 집중합니다. 가끔 특정 소비자 집단을 선택하여 타깃팅을 한다고 하면, "나머지 소비자 집단은 버리는 겁니까?"라는 질문을 받는데요. 버리는 것이 아니라, 우선순위를 정하여 순위가 높은 집단에 먼저 접근하는 전략입니다.

📊 타깃팅은 창의적으로

제품을 필요로 할 소비자 집단을 세분화하는 방법은 매우 다양합니다. 나이, 소득 수준, 성별, 교육 수준과 같은 인구통계학적인 기준으로 나눌 수 있고요. 가치관이나 성격, 생활 패턴과 같은 라이프스타일 기준으로 나눌 수도 있고요. 구매 빈도나 충성도와 같이 행동을 기준으로 나눌 수도 있습니다. 어떤 기준을 써야 하는지는 제품에 따라 너무나 다릅니다.

예를 들어 네슬레 거버 이유식의 경우, 영유아식을 필요로 하는 집단을 '나이'가 아니라 '신체 발달 단계'에 따라 세분화합니다. 엄마 배 속에 있는 아기, 지금 막 태어난 아기, 기대어 앉을 수 있는 아기, 스스로 앉을 수 있는 아기, 기어 다니는 아기, 걷는 아기, 유아원에 다니는 아기(성장한 아기), 이렇게 일곱 집단으로 나눕니다. 아기들이 음식을 섭취할 수 있는 능력은 나이가 아니라 신체적 발달 수준에 영향을 받기 때문입니다. 아기마다 성장 발달 속도가 달라서, 어떤 아기는 8개월이 되면 막 기어 다니는데, 어떤 아기는 잘 기어 다니지 못할 수도 있습니다. 따라서 나이는 아기들이 어떤 형태 음식을 섭취할 수 있는지 가늠하는 기준이 될 수 없지요.

이제 막 태어난 아기들은 이도 없고 소화 기능도 발달하지 못했기 때문에, 그냥 꿀꺽꿀꺽 마실 수 있는 액체 형태의 음식이 필요합니다.

가루를 물에 타 먹을 수 있는 분유가 적당하겠지요. 반면에 기대어 앉을 수 있는 아기는 이도 조금씩 나기 시작하고 위와 장의 소화 기능도 발달하게 됩니다. 씹는 연습이 필요하기 때문에 물컹물컹한 형태의 이유식이 적당합니다. 스스로 앉아 있을 수 있는 아기들은 이도 꽤 많이 나고 소화 기능도 상당히 좋습니다. 이쯤 되면 요거트나 과일 주스를 먹어도 크게 무리가 없습니다. 거버는 이러한 식으로 아기들의 나이가 아닌 신체적 발달 단계에 따라 나눈 일곱 개 소비자 집단을 모두 타깃팅하여 각 집단마다 필요한 제품을 개발하고 있습니다.

한편, 누가 구매했는지 추적해서 타깃팅을 하는 방법도 있습니다. LG전자 포켓포토 포포는 누가 필요로 할까요? 원래 포포는 스마트폰을 가장 활발히 사용하는 이삼십 대 젊은 소비자들을 대상으로 만든 제품입니다. 그런데 실제로는 LG전자가 목표로 하지 않은 다른 소비자 집단이 이 제품을 주로 구입했습니다. 영업 사원들을 통해 확인해 본 결과, 포포를 구입하는 대다수 소비자 집단은 십 대 중·고등학교

● 거버 이유식의 소비자 집단 세분화

여학생들과 아기를 키우는 이삼십 대 엄마들이었지요. 포포 마케팅 관리자는 이 두 집단을 타깃팅하는 편이 가장 현명해 보입니다.

이렇게 소비자 구매 데이터를 분석해서 누가 우리 제품을 많이 구매하고 있는지 찾은 후 이와 유사한 집단들을 추가로 생각해 볼 수 있습니다.

🖩 타깃은
움직이는 거야!

이렇게 공들여 한 타깃팅은 그 뒤에 절대 바뀌지 않을까요? 그렇지 않습니다. 제품을 필요로 하는 소비자들은 상황에 따라 언제든 변할 수 있으니까요. 예를 들어, 요즘 페인트를 누가 가장 많이 구입할까요? 여성들이라고 합니다. 이제까지 페인트 회사들은 대부분 남성을 타깃팅해 왔습니다. 고정관념이지요. 그런데 혼자 사는 여성 인구수가 늘면서 여성들이 직접 집을 수리하고 페인트칠을 하기 시작했습니다. 심지어 결혼한 여성이라도 남편에게 페인트칠을 맡기지 않고 직접 한다고 합니다.

그래서 더 이상 남성들을 타깃으로 하는 것은 무의미하다고 판단한 미국의 더치보이라는 페인트 회사에서 남성 중심적 페인트가 아닌 여성을 위한 페인트를 개발하게 됩니다. 과거 남성들을 위한 페인트는

● 더치보이사의 남성을 타깃으로 한 기존 페인트통(위)과 여성을 타깃으로 한 새로운 페인트통(아래)

공구를 활용해야만 통을 열 수 있었습니다. 그런데 여성들이 선호하는 개폐 방식은 좀 다르지요. 그래서 더치보이는 여성들이 편리하게 사용할 수 있는 세제 용기를 본따서 제품을 변화시켰습니다. 그 결과 더치보이 페인트는 페인트칠을 많이 하는 여성들의 사랑을 받고 있습니다. 이렇게 소비자들이 변화하기 때문에, 타깃팅도 변화해야 합니다.

일본의 유명한 제약 회사에서 직장 남성들을 타깃으로 한 간 기능 보조제 '하이티올 C'라는 제품을 출시한 적이 있습니다. 회식하다 보면 술을 많이 마시잖아요? 간이 남아나지 않는다고 하지요. 이렇게 과음으로 인한 간 기능 저하 및 간암 위험을 고민하는 직장 남성들을 위해 만든 보조제입니다. 그런데 문제는 이들이 자신의 문제를 해결할 수 있는 약을 구입하러 약국에 와야 하는데, 도무지 오지 않는다는 점입니다. 결국 이 제품은 잘 팔리지 않았습니다.

남성들은 대체로 쇼핑을 싫어하지요. 구매에 적극적이지 않다는 뜻입니다. 따라서 이 제품은 타깃 소비자를 구매에 적극적인 여성들로 바꾸게 됩니다. 그렇지만 여성들은 과음으로 인한 간 기능 저하에 대한 결핍을 상대적으로 덜 느끼지요. 그래서 마케팅 관리자는 여성들이 구매할 수 있도록 간 기능 보조제를 어떻게 변화시켜야 하는지 조금 더 복잡한 고민을 하게 됩니다. 간 기능이 개선되면 기미와 주근깨가 없어진다는 연구 결과에 착안하여, 기미·주근깨 치료제로 콘셉트를 바꿉니다. 그 결과, 매출이 70억 엔 증가하여 업계 1위로 등극했습니다.

아무리 좋은 제품이라 하더라도 타깃팅을 잘못하면 제품이 팔리지 않습니다. 우리 제품을 필요로 하더라도 구매 행동으로 옮기지 않는 소비자 집단은 마케팅에 아무 의미가 없습니다. 우리 제품을 필요로 하는 소비자 집단을 찾고 나서, 이 집단이 과연 구매 행동을 할 것인가 확인해야 합니다.

5 구매의 이유를 알려 줘!

포지셔닝 전략

제품을 잘 만들고도, 정작 소비자들에게 구매의 이유를 제시하는 데 실패하여 제품이 팔리지 않는 경우가 많습니다. 그 이유는 제품을 만들기 전, 누구를 대상으로 제품을 만들지, 무엇으로 제품의 필요성을 주장할지 정하지 않고, 그저 기업 또는 마케팅 관리자가 가진 자원을 활용하여 만들 수 있는 최고의 제품이 무엇일지에만 생각을 집중했기 때문입니다.

몸단장하는 법을 가르쳐 주는 인형 '바비'

미국에서 출시되는 신제품 수는 매년 평균 몇 개나 될까요? 대략 3만 개라고 합니다. 그렇다면 매년 출시되는 신제품의 몇 퍼센트가 소비자에게 선택받는 데 실패할까요? 대략 80%라고 합니다.

몇 년 전 어느 대기업 마케팅 실무자들을 대상으로 강의하던 중에 이 두 가지 질문을 던졌습니다. 그랬더니 교육을 받는 분들의 반응은 이랬습니다. "저 자료가 대체 어디서 온 겁니까?" "정말 80%가 맞습니까?" "어떻게 계산된 수치입니까?"

제가 여러분에게 이 두 가지 질문을 던진 이유가 무엇일까요? 질문에 대한 정확한 답을 찾기 위해서는, 질문을 던진 사람의 의도를 파악해야 하겠지요. 정확한 수치나 이 수치가 어떻게 계산이 되었는가는 전혀 중요하지 않습니다. 신제품 수가 3만 개가 아니라 2만 개면 어떻고, 실패 확률이 80%가 아니라 85%면 어떻고, 90%면 또 어떻겠습니까.

제가 정말 묻고 싶은 것은, 매년 수많은 좋은 제품이 출시되는데도 그중 아주 적은 수의 제품만 소비자들의 선택을 받고, 왜 대다수는 실패하는가입니다. 2010년 스마트폰이 출시되기 전, 삼성전자에서 매년 개발하는 휴대폰 수는 대략 360개였다고 합니다. 하루 한 개의 제품이 개발되었던 셈이지요. 그런데 이렇게 매일 탄생되는 새로운 휴대폰 중 극소수만이 시장에서 살아남습니다. 삼성전자에서 밤낮 고심하여 1년에 열 개의 신제품을 만들어 냈다고 가정한다면, 그중 두 개만 소비자들의 선택을 받고 나머지 여덟 개는 외면당하는 셈입니다. 마케터 입장에서는 매우 속이 상하는 일이지요. 왜 이렇게 많은 제품들이 소비자들에게 외면당할까요?

　미국에서 출시되는 제품의 80%가 시장에서 사라지는 이유는 여러 가지로 해석해 볼 수 있습니다. 가장 많이 언급되는 이유는 '고객의 니즈를 반영하지 못했기 때문에', '고객이 원하는 가치를 담아 내지 못했기 때문에', 또는 '제품에 차별화된 경쟁력이 없었기 때문에' 등입니다. 어때요? 너무 교과서적이고 추상적으로 들리지요? 고객의 니즈나 가치, 제품의 경쟁력 등을 갖추지 못하여 실패했다는 말은 모두 옛말이 되어 가고 있습니다. 요즘 내로라하는 기업들이 출시한 제품들은 모두 엄격한 소비자 조사 자료를 통해 소비자가 원하는 것이 무엇인지 알아내어 최고의 기술력으로 최선의 해결 방법을 제시하고 있습니다. 그런데도 소비자의 선택을 받지 못한다는 것이지요. 왜일까요?

　그 이유는 소비자들이 원하는 제품을 잘 만들어 놓고도 소비자들 입장에서 왜 그 제품을 선택해야 하는지, 또는 구매해야 하는지를 잘 제시하지 못하기 때문입니다. 소비자들이 우리 제품이나 서비스를 '구매해야 하는 이유'를 설정하는 과정을 마케팅에서는 '포지셔닝(Positioning)'이라고 합니다. 포지셔닝은 일반적으로 제품이나 서비스를 계획하기 전에 설정되어야 합니다. 그러고 나면 포지셔닝 전략에 맞추어 구매의 이유를 실제 경험하게 만들어 주는 제품 또는 서비스가 만들어집니다. 그렇다고 포지셔닝 전략을 한번 설정하면 그 이후 절대 바꿀 수 없을까요? 그렇지 않습니다. 시장 상황에 맞추어 변화합니다.

여러분, 바비 인형 잘 아시죠? 바비 인형은 1950년대에 마텔사에서 출시한 획기적인 인형이었습니다. 당시 인형이라고 하면 아기 모습을 본뜨거나 곰이나 강아지 같은 동물 모습인 경우가 대부분이었지요. 바비 인형을 기획한 사람은 남편과 함께 마텔사를 설립한 루스 핸들러입니다. 기존의 아기 또는 동물 인형과는 다른 성인 몸을 가진 인형을 개발하게 된 배경은 이렇습니다. 핸들러 부부에게는 두 자녀가 있었습니다. 어느 날 루스 핸들러가 일찍 퇴근하게 되었는데요. 집에 오니 딸아이가 그런 엄마를 반기기는커녕 열심히 그림만 그리고 있더라는 겁니다. 그러더니 크레용으로 색을 입히고, 가위를 가져와 그림을 오렸지요. 그러고는 오린 종이 인형을 가지고 혼자 놀기 시작했습니다. 핸들러는 크게 당황합니다. 도대체 무슨 그림을 그리기에 엄마가 와도 알은척을 안 하는지 말이죠. 그래서 딸아이가 그린 그림을 보았더니, 놀랍게도 그 그림은 이등신의 아기나 동물이 아니라 가슴이 나오고 허리가 잘록하게 들어간 팔등신 성인 여성의 모습이었다고 합니다. 핸들러는 그 그림을 보고 여자아이들이 원하는 인형이 무엇인지 알게 되었습니다. 회사로 돌아간 핸들러는 성인 여성 몸을 가진 인형을 개발하여 세상에 알리게 됩니다.

어떻게 되었을까요? 잘 팔렸을까요? 제품 판매가 시작되었지만, 불행히도 구매해 가는 사람이 없었습니다. 아이들이 이 인형을 원하지 않은 것일까요? 아닙니다. 이 성인 여성의 몸을 가진 인형은 3~12세 여자아이들이 가장 가지고 싶어 했던 인형이 맞았습니다. 더 이상 허름하게 종이에다 성인 여성을 그리고 오리지 않아도 되었지요.

그런데 왜 팔리지 않았을까요? 마텔사에서 팔리지 않는 이유를 알아내기 위해 마트 안의 소비자들을 관찰했는데요. 흥미로운 모습이 발견됩니다. 여자아이들은 바비 인형을 끌어안고 엉엉 울고 있고, 엄마들은 엄격한 얼굴로 "절대 안 돼!"라고 외치고 있었습니다. 제품이 팔리지 않은 원인은 잘못된 '구매의 이유'에 있었습니다. 마텔사에서는 바비 인형의 구매 이유를 '경이로운 여성의 몸을 가진 인형'으로 알렸거든요. 엄마들 입장에서 보았을 때, 경이로운 여성의 몸을 가진 인형을 정말 딸아이에게 사 주고 싶었을까요? 이 인형이 아이에게 필요하다고 생각했을까요? 엄마들은 이 인형이 어린 여자아이들의 인성 교육에 도움이 되지 않는다고 생각했지요. 게다가 지나치게 성적인 메시지를 담고 있다고 생각했습니다.

여자아이들을 타깃으로 여자아이들이 원하는 멋진 인형을 만들었는데, 마트에서 지갑을 열고 결제를 해 주어야 하는 엄마들이 이 인형을 거부한다는 것은 마텔사에게 매우 난감한 일입니다. 마텔사에게는 여자아이들을 타깃으로 제품의 필요성을 알리는 일이 더 이상 중요하지 않게 되었습니다. 결국 타깃 소비자를 여자아이들이 아니라 엄마들로 변경하게 됩니다. 엄마를 설득하지 않으면 이 제품은 팔릴 수가 없었기 때문이죠. 그렇다면 엄마들에게 이 인형을 구매해야 하는 이유를 무엇이라고 해야 할까요? 분명 경이로운 여성의 몸을 강조해서는 안 됩니다. 그렇다면 앞서 살펴보았듯이 엄마들이 가진 심각한 결핍이나 문제는 무엇일까 고민해 보아야 합니다.

엄마들에게 가장 중요한 문제는 아이 교육입니다. 마텔사는 이 점에

착안해 엄마들을 타깃으로 포지셔닝 전략을 변경합니다. 엄마들이 원하는 교육적인 인형, 즉 '몸단장하는 법을 가르쳐 주는 인형'으로 구매의 이유를 설정하게 됩니다. 그런데 바비 인형 하나만 덩그러니 있어서는 교육적인 인형 역할을 하기 어렵습니다. 몸단장에 필요한 다양한 의류와 액세서리, 예절 교육을 위해 필요한 생활 가구들을 함께 만들게 됩니다. 포지셔닝 전략이 변하면 이렇게 뒤이어 브랜드, 제품, 가격, 유통, 커뮤니케이션 전략들에도 변화가 옵니다. 마텔사는 결국 시장 상황을 잘 이해하여 타깃 소비자를 적절하게 변경하고, 타깃 소비자들이 원하는 구매의 이유를 설정하고, 이에 합당한 제품으로 변화시켜 1년

만에 55만 개가 넘는 바비 인형을 팔게 됩니다. 이후 60년 넘게 바비는 아직도 전 세계 소비자들의 사랑을 받고 있습니다.

포지셔닝 맵은 💰 제발 그만!

소비자의 심각한 결핍을 해결해 주는 제품을 잘 만들고도, 정작 소비자들에게 구매 이유를 제시하는 데 실패하여 제품이 팔리지 않는 경우가 많습니다. 그 이유는 제품을 만들기 전, 누구를 대상으로 제품을 만들지, 무엇으로 제품의 필요성을 주장할지 정하지 않고, 그저 기업 또는 마케팅 관리자가 가진 자원을 활용하여 만들 수 있는 최고의 제품이 무엇일지에만 생각을 집중했기 때문입니다.

앞서 소비자 조사를 통해 소비자들의 심각한 결핍을 알아냈다면, 그러한 결핍을 해소해 줄 수 있는 우월한 경험이 무엇인지를 설정하는 포지셔닝 전략 단계로 넘어갑니다. 포지셔닝 전략을 뛰어넘어서 바로 제품이나 서비스를 기획했다가는 아무리 좋은 제품이 만들어진다 하더라도 팔리지 않게 됩니다. 포지셔닝 전략은 소비자들의 마음속에 우리 제품에 대한 확고한 구매의 이유를 설정해 주는 전략입니다. 그러기 위해서는 포지셔닝 전략 안에 소비자가 가진 심각한 결핍을 경쟁자들보다 더 우월하게 해결해 줄 수 있다는 문제 해결 방법을 담아내야 합니다. 소비자가 우리 제품을 선택하게 만들 수 있는 강한 힘이 되지요.

포지셔닝 전략은 앞으로 만들 제품이나 서비스, 브랜드, 가격, 매장 환경, 커뮤니케이션 전략 전반을 좌우하는 매우 중요한 전략입니다. 그런데 포지셔닝 전략을 설계하는 과정에서 수학 시간에 배운 x축과 y축을 그리고, 거기에 경쟁자 위치와 우리 제품 위치를 표시하는 포지셔닝 맵(map)을 그리는 사람들을 흔히 볼 수 있습니다. 이는 포지셔닝 전략에 대한 잘못된 예입니다.

예를 들어 신제품 라면의 포지셔닝 맵을 생각해 볼까요. x축에는 맛, y축에는 가격이 설정되어 있습니다. 맛과 가격은 수많은 경쟁자들이 맹목적으로 따라가고 있는 시장의 정해진 틀입니다. 이 정해진 틀 안에서 우리 제품이 앞으로 나아갈 '차별화'된 방향을 설정할 수 있을까요? 고작 더 맵게 할까, 아니면 더 순하게 할까, 가격이 더 비싼 라면을 만들까, 저렴한 라면을 만들까 정도밖에 생각할 수 없습니다. 이렇게 기존의 정해진 틀 속에서 활동을 할 것이라면, 굳이 '새로운' 마케팅 '전략'을 고민할 필요가 없어집니다. 포지셔닝 전략은 우리 기업이 앞으로 나아가야 할, 예전과는 다른 '차별화'된 '미래' 방향을 설정하는 것이기 때문에, 기존에 형성되어 있던 '과거' 시장의 틀 속에 우리를 가두어 버리면 안 됩니다. 만약 포지셔닝 맵을 그리고 싶다면, '전략' 영역이 아닌 '시장의 현재 모습을 진단하거나 분석'하는 용도로 하면 됩니다.

자, 그렇다면 어떻게 포지셔닝 전략을 설정해야 할까요? 다음 두 가지 조건을 만족시켜야 합니다. 첫째, 소비자의 심각한 문제 또는 결핍으로부터 시작되어야 합니다. 둘째, 소비자의 심각한 문제 또는 결핍에 대한 우월한 문제 해결 방법을 제시해야 합니다. 이 두 가지 조건만 머릿속에 새겨 넣으면 성공적인 포지셔닝 전략을 설정할 수 있습니다.

포지셔닝 전략의 조건

❶ 소비자의 '심각한' 문제 또는 결핍을 해결하라

마케팅의 시작은 역시나 소비자의 심각하고 중요한 문제를 찾는 것이고, 그러한 중대한 문제를 해결해 준다는 사실을 소비자의 마음속에 심어 주어야 합니다. 예를 들어 여러분이 요거트 제조사의 마케팅 관리자라고 가정해 봅시다. 현재 마트에는 다양한 종류와 브랜드의 요거트들이 서로 치열하게 경쟁하면서 소비자들의 선택을 기다리고 있습니다. 이곳에서 소비자들의 선택을 받기 위해서는 무엇을 강조해야 할까요?

사실 요거트의 특성상, 요거트가 해결해 줄 수 있는 소비자들의 문제들은 정해져 있다고 볼 수 있습니다. 요거트는 유산균 발효유이기 때문에, 결국 장을 건강하게 해 주거나 피부의 면역 기능을 강화해 주거나 배변 활동에 도움을 주거나 체중을 감량시켜 주는 역할을 합니다. 어떤 기능이나 역할을 선택하는 편이 좋을까요? 선택을 잘하기 위해서는, 소비자들이 무엇을 더 심각하게 원하는지를 살펴보아야 합니다. 그렇다면 먼저 고려해야 할 점이 앞서 다루었던 '누구를 대상으로 우리의 제품을 판매할 것인가'입니다. 만약 요거트를 판매하고자 하는 대상이 '이삼십 대 여성 소비자'라고 한다면, 어떤 심각한 결핍을 가지고 있을까요? 몸매 관리 또는 체중 감량일 가능성이 높습니다. 그렇다면 우리는 '체중 감량'을 선택해야 합니다. 그래서 요플레는 '체중 감량에 도움이 되는 요거트'로 제품의 필요성 즉, 구매의 이유를 알리고 있습니다. 이삼십 대 여성 소비자들에게 요플레를 선택해야 하는 이유가 확실해집니다.

그런데 이삼십 대 여성들에게만 요거트를 판매하게 된다면, 기업의 수익은 항상 제한될 수밖에 없습니다. 더 많은 사람들에게 팔아야 하잖아요. 그렇다면 그다음으로 선택과 집중을 할 수 있는 타깃 소비자는 누가 있을까요? 어린이입니다. 그렇다면 어린이에게 '체중 감량에 도움이 되는 요플레'라고 홍보한다면, 어린이들이 요플레를 선택하게 될까요? 아닙니다. 왜냐하면 어린이들에게 심각한 결핍은 체중 감량이 아니기 때문입니다. 무엇이 어린이들에게 심각한 문제일까요? 바로 '키 크는 것'입니다. 살을 잘못 뺐다가 키가 안 크면 큰일입니다.

그렇다면 기존의 '체중 감량에 도움이 되는 요플레'에서 포지셔닝 전략을 어떻게 바꿔야 할까요? 당연히 어린이들이 가진 심각한 결핍을 해결해 줄 수 있는, '성장에 도움이 되는 요거트'가 되어야 합니다.

어? 그런데 문제가 있습니다. 일반 요거트에는 특별히 성장에 도움이 되는 성분이 들어 있지 않습니다. 따라서 향후 제품 전략을 바꿔야 합니다. 성장에 도움이 되는 성분들을 기존 요거트에 추가해야 하지요. 성장에 도움이 되는 대표적인 성분은 단백질입니다. 단백질 함량을 두 배로 강화해서 만든 요거트가 바로 '프로포스'라는 제품입니다. 앞서 우리가 경쟁자 분석을 할 때 살펴보았던 제품이지요. 이 제품의 포지셔닝 전략은 '어린이들의 성장에 도움이 되는 요플레'입니다.

자, 이렇게 포지셔닝 전략을 설정할 때 가장 먼저 고려해야 하는 것은 소비자들의 심각한 결핍입니다. 그런데 최근 소비자들의 삶이 워낙 풍요롭다 보니, 자신들이 가진 결핍이 심각하다는 사실을 잘 알지 못하는 경우가 많습니다. 그러다 보니 심각한 결핍을 찾기가 매우 어렵습니다. 만약 그렇다면 제품이 가진 문제 해결 능력을 통해 소비자의 삶이 얼마나 '중대한' 수준으로 향상될 수 있는지를 설정하면 됩니다.

❷ 경쟁자보다 우월한 문제 해결 방법을 제시하라

자동차 운전을 하다 보면 겪게 되는 심각한 문제들은 무엇이 있을까요? 먼저 타이어에 펑크가 나는 상황을 들 수 있지요. 우리나라는 타이어에 펑크가 나면 자동차 보험사에 전화해서 도움을 요청합니다. 그러면 금방 보험사 직원이 출동하여 타이어 펑크 문제를 해결해 줍니다. 자동차를 무료로 견인해서 서비스 센터에 운반해 주기도 합니다.

그런데 미국의 경우는 상황이 좀 다릅니다. 자동차 보험사에 전화해도 특별히 비용을 미리 지불하고 이러한 서비스에 가입하지 않은 이상, 공짜로 도움을 주지 않습니다. 결국 자동차 서비스 센터에 전화를 하게 되는데요. 그러면 지금 매우 바쁘고 서비스가 밀려 있어서 3일은 기다려야 한다는 답변을 듣기 십상입니다. 황당하지요? 그래서 대체로 미국 소비자들은 자동차 타이어에 펑크가 나면 직접 갈아 끼울 수 있도록, 항상 트렁크에 여분의 타이어와 교체에 필요한 장비들을 갖고 다닙니다.

그렇지만 아무리 이러한 장비를 준비한다고 해도 타이어를 교체한다는 게 그리 쉬운 일이 아닙니다. 이렇게 자동차 타이어에 펑크가 난 심각한 상황에서 어떤 방법으로 문제를 아주 쉽게 해결할 수 있을까요? 타이어 옆 버튼을 누르면 타이어가 쏙 빠지고, 새 타이어를 끼워 넣은 후 다시 버튼을 누르면 자동차에 장착되는 방식은 어떨까요? 이것보다 더 우월한 문제 해결 방법은 없을까요?

펑크가 났다고 위험하게 차에서 내리지 않고 그냥 그 상태로 가까운 서비스 센터로 갈 수 있다면? 이러한 문제 해결 능력을 제시한 기업이 바로 '브릿지스톤 타이어'입니다. 브릿지스톤 타이어의 포지셔닝 전략은 '펑크가 나도 달리는 타이어'입니다. 정말 강력한 문제 해결 방법이지요. 브릿지스톤 타이어의 역사는 얼마 안 되지만, 벤츠, BMW, 아우디와 같은 독일 자동차 제조사들의 선택을 받고 있습니다.

요즘 삼성전자와 LG전자에서 두 개의 세탁기를 합쳐 하나로 만든 제품을 출시합니다. 삼성전자는 플렉스워시, LG전자는 트윈워시라는

● 타이어에 펑크가 나도 달리는
브릿지스톤 타이어 광고

이름으로 말이죠. 이 두 제품 모두 소비자의 심각한 결핍을 해결해 줍니다. 주부들이 빨래를 할 때 여러 번 세탁기를 돌리게 되는데요. 그 이유는 색깔 옷과 흰 옷을 함께 세탁할 수 없고, 속옷과 겉옷을 함께 세탁할 수 없기 때문입니다. 적어도 평균 세 번 정도 빨랫감을 나누어서 세탁기를 돌리게 됩니다. 그럼 세탁 시간이 너무 오래 걸리겠지요? 그래서 세탁 시간에 대한 심각한 결핍을 해결해 주기 위해서 하나의 세탁기 안에 두 개의 세탁기를 넣게 됩니다. 동시에 두 가지 종류의 빨래를 한꺼번에 할 수 있게 되니 세탁 시간이 반으로 줄어듭니다.

사실 두 개의 세탁기를 하나로 합한 세탁기는 LG전자가 먼저 만들었습니다. 삼성전자 입장에서는 LG전자보다 한발 늦게 유사한 세탁기를

● LG전자의 트윈워시 세탁기(왼쪽)와 삼성전자의
플렉스워시 세탁기(오른쪽)

● 허리와 무릎을 굽히지 않아도 되는
편리함을 강조하는 플렉스워시 광고

내놓게 된 셈인데요. LG 전자와 똑같은 제품을 만들면 소비자들의 선택을 받기가 어렵기 때문에, LG 전자의 트윈워시 세탁기보다 더 우월한 문제 해결 방법을 찾게 됩니다. 트윈워시의 경우, 큰 세탁기가 위에 있고 작은 세탁기가 아래에 있는 형태인데요. 주부들이 아래쪽에 위치한 작은 세탁기를 사용하기 위해서는 허리를 깊숙이 숙여야 합니다. 평소에도 허리를 구부리고 집안일을 해야 하는 주부들에게 매우 힘든 일이지요. 그래서 삼성전자는 작은 세탁기를 큰 세탁기 위에 두기로 합니다. 즉, 허리를 구부리지 않고도 두 개의 세탁기를 편하게 사용할 수 있도록 말이지요. 삼성전자의 플렉스워시 세탁기 광고는 허리를 굽히지 않아도 된다는 사실을 강조하고 있습니다.

적을수록 큰 힘을 발휘한다

제품이 소비자들이 가진 심각한 문제를 해결해 주면서 경쟁자보다 우월한 문제 해결 능력을 여러 개 가졌다고 가정해 봅시다. 소비자들이 특정 제품에 대한 구매의 이유를 몇 가지 정도 듣게 되었을 때, '우와, 이 제품 정말 필요하다!'라고 느낄까요? 3개? 5개? 10개? 많으면 많을수록 좋을까요?

답은 정해져 있지 않지만 원칙은 이렇습니다. 많다고 좋은 것이 아니라, 적으면 적을수록 오히려 큰 힘을 발휘합니다. 'LESS is MORE!' 법칙입니다. 일반적으로 사람들이 많은 기능이 들어 있는 제품을 선호할 것이라고 생각합니다만 실제는 그렇지 않습니다. 너무 많은 기능이나 장점에 대해 늘어놓으면 소비자들은 오히려 혼란스러워 합니다.

요즘 광고를 많이 하는 LG전자의 트롬 스타일러 사례를 살펴볼까요. 트롬 스타일러는 처음부터 잘 팔리는 제품은 아니었습니다. 여러 가지 어려움을 이겨 내면서 현재의 자리에 오게 되었는데요. 그 어려움 중 하나가 바로 포지셔닝 전략이었습니다. 트롬 스타일러의 문제 해결 능력은 크게 네 가지입니다. 옷의 주름 제거, 살균, 건조, 탈취였죠. 이 네 가지 기능은 소비자들이 가진 심각한 문제, 즉 다림질을 하는 번거로움, 옷의 위생 문제, 덜 마른 옷의 불쾌감, 냄새를 해결해 줍니다. 앞서 우리가 다루었던 포지셔닝 전략의 두 가지 조건에 딱 들어맞습니다. 그런데 왜 처음에는 잘 안 팔렸던 것일까요?

그 이유는 바로 너무 많은 문제 해결 능력을 강조했기 때문입니다. 소비자들에게 이 네 가지 기능을 구매의 이유로 제시했더니, 반응은 예상 외로 부정적이었습니다. "

● 구김 제거, 냄새 제거, 살균, 건조,
네 가지 기능을 똑같이 강조한 트롬 스타일러 광고

네? 뭐가 이리 많아요? 그래서 뭐가 제일 좋은 건데요?"라는 질문이 돌아옵니다. 많은 기능을 자랑하면 소비자들이 좋아해 줄지 알았는데 오히려 혼란스러워 하더라는 겁니다.

소비자들에게 너무 많은 정보를 한꺼번에 던지면 그러한 정보를 한번에 다 수용하지 못하기 때문에 오히려 혼란스러워 합니다. 따라서 소비자에게 많은 문제 해결 능력에 대해서 알려 주기보다는 그중에서 소비자가 느끼는 가장 심각한 문제를 해결해 줄 수 있는 기능 한두 가지를 선택해서 제시하는 편이 소비자들이 받아들이기에 쉽습니다. 그렇다고 나머지 기능들을 버리는 것은 아닙니다. 무엇을 더 강조하고 덜 강조할 것인가를 선택하는 문제라고 생각하면 됩니다.

그렇다면 구김 제거, 냄새 제거, 살균, 건조 중에서 한두 가지를 선택해 봅시다. 여기서 소비자들이 가장 중요하다고 생각하는 문제 해결 능력은 무엇일까요? 결국 세탁에서 근본적으로 중요한 것은 '살균'입니다. 물로 세탁이 어려운 코트나 교복이 갖고 있는 심각한 문제는 바로 세균의 번식이지요. 이는 곧 위생의 문제로 이어집니다. 한 번이라도 입은 옷에는 많은 세균이 번식하게 됩니다. 실제 옷장에 걸려 있는 코트를 꺼내서 코트 안쪽과 겉쪽을 진공 흡입기로 빨아들여 현미경으로 관찰하면 그 안에는 살아 있는 집먼지 진드기, 죽은 집먼지 진드기 잔해가 막 얽히고설켜 있습니다. 끔찍하지 않나요? 옷을 몇 번 입으면 옷에서 냄새가 나잖아요? 그게 바로 세균의 번식 때문이라고 합니다. 게다가 요즘 외출하고 집에 돌아오면 옷에 미세먼지들이 쌓이게 됩니다. 이러한 옷의 위생 문제는 점점 더 심각하고 중요한 문제가 되어 가

고 있습니다.

　광고는 기업의 제품 포지셔닝 전략을 보여 주는 가장 단적인 예인데요. 최근 트롬 스타일러 광고를 보면, 살균 또는 위생을 강조하고 있습니다. 물론 다른 기능들에 대한 얘기를 하지 않는 것은 아닙니다. 살균을 가장 강조하고, 그다음으로 냄새나 구김 제거를 강조합니다. 살균 기능이라는 말만 들어도 소비자는 의류 위생의 심각한 문제를 해결해 주는 제품이라고 생각할 수 있습니다.

6

문제는 알았어,
어떻게 해결해
줄 건데?

제품 전략

마케팅에서는 '창의성'보다는 '창의적 사고'를 요구합니다. '창의적 사고'라고 하면 뭔가 세상에 없었던 새로운 아이디어를 생각하는 능력이라고 오해할 수도 있는데요. 마케팅에서 필요로 하는 창의적 사고는 문제를 잘 해결할 수 있는 논리적 사고력입니다. 가장 중요한 것은 소비자 입장에서 소비자들의 문제를 해결해 줄 수 있는 가장 우월한 방법을 생각해 내는 일입니다.

제품이 대체 🛒
뭐기에

제품이란 다음 네 가지 조건을 만족시켜야 합니다.

첫째, 제품은 소비자의 삶을 향상시켜 줄 수 있어야 합니다. 제품을 사용하기 전보다 후에 더 삶이 나아져야 합니다. 제품을 사용했는데 오히려 건강에 해가 된다거나 삶이 더 열악해진다면 그것은 진정한 제품이라고 할 수 없습니다. 기업이 만든다고 해서 다 제품이 되는 것은 아닙니다. 담배가 그 대표적인 예라고 할 수 있습니다. 담배는 궁극적으로 건강에 치명적인 해를 입히게 되지요. 물론 흡연을 하는 동안은 정신적으로 위안을 받을 수 있으니 그것으로 제품의 조건을 충족시켰다고 주장하는 사람도 있습니다만, 결국에는 죽음에 이르게 할 수 있습니다. 따라서 담배는 제품이라고 보기 어렵습니다.

둘째, 제품은 소비자의 심각한 문제 또는 결핍을 해결해 줄 수 있어야 합니다. 남성들은 거뭇거뭇한 수염이 보이지 않도록 아주 깔끔하게

● 수염을 일정한 길이로 잘라 주는
필립스 센소터치 면도기

면도하기를 원한다고 생각하는데요,
그렇지 않을 수 있습니다. 일부 남
성들은 수염을 적당한 길이로 기르
고 싶어 합니다. 이렇게 원하는 길
이로 일정하게 수염을 관리하고 싶
어 하는 남성들의 문제를 해결해 주는 제품
이 필요하겠지요. 이러한 남성들의 결핍을 해결해 주기 위해, 일정한
길이로 수염을 잘라 주는 필립스의 센소터치 면도기가 만들어집니다.

셋째, 제품은 소비자의 심각한 문제를 다른 브랜드나 제품들에 비해
서 우월한 방법으로 해결해 줄 수 있어야 합니다. 앞서 소개한 것처럼
LG전자에서 두 개의 세탁기를 합하여 하나의 세탁기로 만든 트윈워
시가 출시된 뒤 삼성전자에서도 유사한 제품이 출시됩니다. 삼성전자
입장에서는 LG전자 트윈워시 세탁기가 세탁 시간에 대한 문제를 해
결해 주는 방식보다 더 우월한 방식을 고민해야 합니다. 그래서 출시
한 것이 일체형 올인원 플렉스워시 세탁기입니다. 세탁 시간을 줄이는
것에 더해, 작은 세탁기를 위쪽에 위치시켜서 허리를 구부리지 않아도
된다는 점을 강조하고 있습니다.

넷째, 제품은 비용 지불을 전제로 합니다. 무료로 제공되는 것은 제
품이 아닙니다. 예를 들어, 시장에서 물건을 사면서 "많이 샀으니까 서

비스로 한 개 더 주세요."라고들 하는데, 여기서 언급되는 '서비스'는 사실 잘못된 개념입니다. 공짜로 받게 되기 때문이지요. 제품의 종류에는 물리적 형태와 비물리적 형태가 있습니다. 일반적으로 물리적 형태의 문제 해결 대안을 제품이라고 얘기하고요, 비물리적 형태의 문제 해결 대안을 서비스라고 얘기합니다. 즉, 서비스는 제품의 비물리적 형태입니다. 비용을 지불하고 구매하는 것을 전제로 하지요. 다만 형태가 눈에 보이거나 잡히지 않기 때문에 제품이라고 부르지 않고 서비스라고 구분해서 부를 뿐입니다.

몸의 결린 부위를 풀어 주는 마사지숍을 예로 들어 볼까요. 마사지는 손에 잡히지 않고 흔적도 남지 않습니다. 그렇지만 받고 나면 삶의 질도 좋아지고, 여기저기 결림에 대한 심각한 문제도 해결해 주고, 또한 시간가량 가만히 누워 있으면 문제가 해결되는 우월한 방식입니다. 운동을 할 수 있는 헬스 센터도 서비스를 제공하는 공간이라고 할 수 있습니다. 아플 때 가는 병원도 마찬가지고요. 이러한 형태의 문제 해결 방식들을 모두 '서비스'라고 합니다. 만약 서비스가 무료로 제공되는 개념이라면 그것은 제품이라고 볼 수가 없습니다.

그렇다면 이런 경우는 어떨까요? 휴대폰이 고장 나면 사후 서비스를 받게 되는데요. 구매 후 1년 동안 발생하는 제품의 문제는 비용을 지불하지 않고 해결할 수 있습니다. 그럼 이것은 마케팅에서 얘기하는 제품으로서의 서비스가 아닐까요? 사실 비용을 지불하지 않는 것처럼 보이지만, 이미 여러분이 휴대폰을 구매할 때 휴대폰 가격에 향후 수리 비용까지 모두 포함되어 있다고 보시면 됩니다. 그러니 이 또한 '서비스'가 맞습니다.

이렇게 네 가지 조건을 충족시키는 무엇인가를 기획하셨다면, 여러분은 제품을 성공적으로 기획하신 셈입니다. 야호!

얼려 먹는 요거트는 아이스크림일까, 요거트일까?

몇 년 전 한국야쿠르트에서 '얼려 먹는 세븐'이라는 획기적인 제품을 출시했습니다. 줄여서 '얼세'라고 부르기도 해요. 이후 이와 유사한 제품들이 줄줄이 세상에 소개됩니다. 요플레사에서는 '얼려 먹는 요플레'라는 제품이 출시되었지요. 최근에는 떠먹는 요거트처럼 생겼지만 얼려서 먹는 다논사의 '얼려 먹는 그릭 요거트'도 판매 중입니다. 이 제품은 요거트와 아이스크림을 합쳐 요거트 아이스크림의 범주로 만들어진 제품입니다.

이렇게 요거트와 아이스크림이라는 두 가지 제품 범주가 만나서 합쳐진 제품을 일컬어 '융합 제품'이라고 합니다. 그런데 소비자들 입장에서는 '이게 요거트야? 아이스크림이야?' 하고 혼란스러워 할 수 있습니다. 심지어 소비자는 이 제품을 구매하려면 어디로 가야 하는지 헷갈릴 수도 있습니다. 요거트 판매 진열대로 가야 할까요? 아니면 아

● 얼려 먹는 세븐과 얼려 먹는 요플레

이스크림 진열대로 가야 할까요? 요거트라면 냉장 진열대에 있을 것
이고요, 아이스크림이라면 냉동 진열대에 있을 겁니다. 매장 내에서
냉장 진열대와 냉동 진열대는 완전히 다른 영역에 위치하고 있습니다.
얼려 먹는 세븐은 어디에 진열되어야 할까요?

　앞서 '구매의 이유(포지셔닝)'를 설명할 때 여러 가지 구매 이유를 소
비자들에게 제시하면 소비자들이 오히려 혼란스러워 한다고 했잖아
요? 제품의 범주를 정할 때도 똑같습니다. '요거트 아이스크림'이라고
하면 좋겠지만, 길기도 하고 기억하기도 쉽지 않습니다. 특히 '요거트
아이스크림'이라는 제품 범주를 과거에 경험해 보지 않은 소비자들에
게는 상당히 생소하기도 합니다. 기업 입장에서는 얼려 먹는 세븐을
알리기도 바쁜데, '요거트 아이스크림'이라는 새로운 제품 범주를 함
께 알려야 하니 결국 소비자들을 교육하는 광고에 많은 비용을 써야

합니다. 상당히 비효율적인 방법이지요. 그렇다면 광고 비용을 많이 들이지 않고도 효율적으로 소비자들에게 이런 새로운 제품 범주를 인식시키기 위해서는 어떻게 해야 할까요? '요거트 아이스크림'이라는 새롭고 복잡한 제품 범주의 틀을 만들기보다는 '요거트'나 '아이스크림' 둘 중 하나를 선택하여 강조하는 편이 소비자들이 우리 제품을 기억하고 점포에서 찾게 만드는 데 더 도움이 됩니다. 이미 소비자들은 '요거트'가 무엇인지 '아이스크림'이 무엇인지 너무나 잘 알고 있기 때문에, 따로 소비자들에게 '요거트'나 '아이스크림' 범주의 장단점에 대해 비용을 들여 광고를 할 필요도 없습니다.

자, 그렇다면 여러분이 '요거트 아이스크림'의 '요거트'와 '아이스크림' 둘 중 하나를 강조하거나 아예 하나의 제품 범주로 못 박고자 한다면 어떤 범주를 선택해야 할까요? '요거트'라고 했을 때 소비자들이 느끼는 제품의 필요성과 '아이스크림'이라고 했을 때 소비자들이 느끼는 제품의 필요성을 잘 따져 보아야 합니다. 제품의 필요성은 절대적으로 하나의 제품만을 두고 느끼는 것이 아니라 항상 다른 제품들과 비교하여 파악하게 됩니다. 즉, 경쟁하고 있는 다른 제품들보다 우리 제품이 월등히 필요한가라는 부분도 고민해야 합니다.

만약 얼려 먹는 세븐을 요거트의 일종으로 알리고, 요거트 진열대에 함께 진열한다면 어떨까요? 얼려 먹는 세븐을 선택해야 하는 이유가 충분히 느껴질까요? 기존의 다양한 요거트들과 비교했을 때 훨씬 우월한 이유를 소비자들이 느낄 수 있을까요? 저는 그렇지 않을 거라고 봅니다. 왜냐하면 이미 너무나 다양하고 품질이 우수한 요거트들이 많기 때문입니다. 뚜껑을 꺾어서 시리얼을 섞어 먹는 요거트도 있고 요, 마시는 요거트, 떠먹는 요거트, 짜먹는 요거트뿐 아니라 과일이 들어간 요거트, 시리얼이 들어간 요거트, 저지방 요거트, 그릭 요거트 등 종류가 너무 다양합니다. 만약 여기에 '얼려 먹는 요거트'라고 해서 기존의 요거트와 크게 다르지 않아 보이는 문제 해결 능력을 가진 요거트가 있다고 한다면 소비자 입장에서 정말 이 제품이 필요하다고 느낄까요?

게다가 이미 얼어 있는 형태가 아니라, 구매 후 냉동실에 이틀 정도는 넣어 놓고 얼 때까지 기다려야 먹을 수 있다는 단점이 있습니다. 특히 어린이들을 위해 만들어진 제품인데 아이들은 잘 기다리지 못합니다. 엄마와 함께 마트에 갔다가 이 제품을 구매했다면 바로 먹기를 원할 텐데, 냉동실에 오래 얼려야 먹을 수 있다는 사실을 알고 짜증을 낼 수도 있습니다. 자꾸 냉동실을 열면서 "엄마, 이거 언제 얼어요? 언제 먹을 수 있어요?" 하고 엄마를 귀찮게 합니다. 그러니 엄마가 아이들이 보지 않는 사이에 미리 사서 냉동실에 얼려 놓아야 한다는 번거로움이 있지요.

그렇다면 얼려 먹는 세븐을 '아이스크림'이라고 알리고, 아이스크림들이 있는 냉동 진열대에 함께 진열하는 경우는 어떨까요? 얼려 먹는 세븐을 선택해야 하는 이유가 충분히 느껴질까요? 기존의 다른 아이스크림들과 비교했을 때 월등한 구매의 이유를 느낄 수 있을까요? 현재 슈퍼마켓이나 편의점 내 아이스크림 냉동고를 열어 보면 대부분 저렴하지만 건강에는 그다지 도움이 되지 않는 설탕 덩어리 아이스크림들이 즐비합니다. 그런데 만약 이 안에 유산균이 풍부하게 들어갔으면서도 여름의 더위를 잊게 만들어 줄 수 있는 요거트 아이스크림이 있다면 어떨까요? 물론 이미 얼어 있기 때문에, 집에 가지고 가서 냉동실에 넣고 며칠을 기다릴 필요도 없습니다.

저는 두 번째 방법이 적합하다고 생각하는데 여러분은 어떤가요? 불행히도 현재 얼려 먹는 요거트 제품들은 냉장칸에 진열된 다른 요거트들과 무한 경쟁 중입니다. 게다가 바로 먹을 수 없고 집에 가서 하루 이틀 얼려야 먹을 수 있다고 사전에 소비자들에게 열심히 홍보도 해야 합니다. 이런 점들을 고려했을 때 제품 범주를 무엇으로 설정해야 할지 판단은 여러분에게 맡기겠습니다.

창의성이 없다고? 스캠퍼만 따라와!

여기저기서 '창의성'이 중요하다고 강조하잖아요? 어렸을 적부터 하도 들어서 그냥 그러려니 할 수도 있겠습니다. '창의성'은 어떤 타고난 성향이나 어렸을 적에 길러진 능력이 아닌, 얼마나 잘 생각할 수 있는가 하는 '사고 능력'을 의미합니다. 그렇기 때문에 마케팅에서는 '창의성'보다는 '창의적 사고'를 요구합니다. 그런데 '창의적 사고'라고 하면 뭔가 세상에 없었던 새로운 아이디어를 생각하는 능력이라고 오해할 수도 있는데요. 마케팅에서 필요로 하는 창의적 사고는 문제를 잘 해결할 수 있는 논리적 사고력입니다. 마케팅을 잘하기 위해서는 매우 논리적이고 깊이 있게 생각할 수 있어야 합니다. 가장 중요한 것은 소비자 입장에서 소비자들의 문제를 해결해 줄 수 있는 가장 우월한 방법을 생각해 내는 일입니다.

그렇다면 소비자들이 가진 문제를 해결할 수 있는 제품 아이디어를 어떻게 창의적으로 생각해 낼 수 있을까요? 몇 가지 생각의 도구들이 있는데 그중 가장 유용한 한 가지 도구를 소개해 드리려고 합니다. 스캠퍼(SCAMPER) 사고 기법인데요. 어머, 처음 들었다고요? 그럴 리가요! 중학교 1학년 기술 교과서에 등장하고, 심지어는 초등학교 교과서에도 소개된 사고 기법입니다. 만약 기억이 잘 나지 않는다면, 이것을 왜 배워야 하는지, 어디에 쓸 수 있는지 정확하게 이해하지 못한 채 맹목적으로 학습해서가 아닐까 싶습니다. 지금 이 책을 읽고 있는 여러분처럼 마케팅에 관심이 있는 상태라면, 그리고 이 스캠퍼 사고 기법이 제품 아이디어를 고민하는 데 상당한 도움이 된다고 생각한다면 내 것으로 받아들이고 이해할 수 있을 거예요.

이 생각의 도구는 1953년에 미국 BBDO라는 광고 회사의 CEO였던 알렉스 오스본이 광고 회사 직원들을 대상으로 만들었습니다. 광고 기획은 상당한 창의력을 요구하거든요. 그런데 새로운 아이디어가 그냥 가만히 있을 때 툭 머릿속에서 튀어나오지 않으니까 뭔가 생각에 도움이 될 수 있는 단서들이 필요합니다. 이때 나 자신 또는 함께 고민하는 친구들, 팀원들에게 질문을 던져 보면서 새로운 아이디어를 떠올리는 방법입니다. 스캠퍼 사고 기법은 지금까지 기술을 개발하는 공학에서도 활용되고, 마케팅에서도 여러 가지 새로운 전략이나 상품을 기획할 때 활용하고 있습니다.

SCAMPER는 다음과 같은 단어들의 이니셜 조합입니다.

- S(Substitute): 다른 것으로 대체하여, 소비자들이 가진 문제를 해결할 수 있을까?

- C(Combine): 다른 것과 합쳐서, 소비자들이 가진 문제를 해결할 수 있을까?

- A(Adapt): 기존 제품의 형태를 응용 또는 변형하여, 소비자들이 가진 문제를 해결할 수 있을까?

- M(Modify): 기존 제품이 가진 고유 속성이나 형태를 변형하여, 소비자들이 가진 문제를 해결할 수 있을까?

- P(Put to another use): 기존 제품의 용도를 바꿔서, 소비자들이 가진 문제를 해결할 수 있을까?:

- E(Eliminate): 제품의 속성을 제거하여, 소비자들이 가진 문제를 해결할 수 있을까?

- R(Reverse/Rearrange): 제품을 재배치 또는 재배열하여, 소비자들이 가진 문제를 해결할 수 있을까?

그럼 스캠퍼 사고 기법을 실제로 어떻게 활용할 수 있는지 살펴볼까요? 먼저, 'Substitute', 즉 "다른 것으로 대체하여, 소비자들이 가진 문제를 해결할 수 있을까?"라는 질문을 던져 봅니다. 예를 들어, 요즘 성인들이 와인을 많이 마시잖아요? 와인 제조사 입장에서는 와인을 잘 만드는 것도 중요하지만 와인을 마시는 분위기도 매우 중요하기 때문에, 어떻게 하면 색다른 와인 경험을 하게 만들 수 있을까 고민합니다.

● 기존의 와인잔을 대체한 르 리투엘 와인 세트

와인은 특히 어떤 잔에 담아 마시는가에 따라 맛이 달라진다고 하는데요. 그래서 기존의 와인잔을 대체할 만한 다른 잔을 찾아볼 수 있습니다. 둥근 잔이 아닌 네모 잔도 가능하고요, 막걸리처럼 사발로 마시게 할 수도 있겠지요. 그런데 와인은 손가락에서 온기가 바로 전해지면 맛이 나빠진다고 합니다. 좋은 와인잔은 와인이 있는 위치에 손이 직접 닿으면 안 된다는 겁니다. 그래서 생각해 낸 형태가 여성의 하이힐입니다. 러시아에서는 발레리나를 기리기 위해서 18세기부터 발레리나 토 슈즈에 술을 담아 마시던 의례가 있었다고 해요. 신발에서 구두로, 다시 하이힐로 생각을 옮기게 되어, 결국 긴 뒷굽이 있는 여성의 하이힐 모양으로 와인잔을 만들게 됩니다. 파이퍼 하이직이라는 와인 제조사가 여성의 구두 제조사로 매우 명성이 높은 크리스티앙 루부탱의 도움을 받아 하이힐 모양의 유리 와인잔을 만들었지요. 그래서 탄생한 것이 유럽에서 만들어진 한정판 와인 세트 '르 리투엘(Le Rituel)'입니다. 전 세계 소비자들을 대상으로 딱 1,000개만 제작된 한정판 제품입니다.

만약 첫 번째 질문을 던져서 별로 아이디어가 생각나지 않는다면, 두 번째 'Combine', 즉 "다른 것과 합쳐서, 소비자들이 가진 문제를 해결할 수 있을까?"라는 질문을 던져 봅니다. 여러분이 사랑하는 스마트폰이 대표적인 예인데요. 여러 가지 소비자들이 필요로 하는 기능들을 '합하여' 탄생한 제품입니다. 전화, 카메라, MP3 플레이어, 시계 등 소비자들이 따로따로 가지고 다니느라 불편했던 제품들을 모두 합하여 하나로 만든 제품이지요. 이렇게 합하여 만들어진 제품을 앞서 말했듯이 '융합 제품'이라고 합니다.

융합 제품들은 스마트폰 외에도 상당히 많습니다. 스포츠 종목 중에 '스피드민턴'이라는 것이 있습니다. 테니스와 배드민턴을 합하여 만든 새로운 스포츠 종목입니다. 또 최근 우리나라에서 스타필드라는 복합 쇼핑몰이 문을 열었는데요, 이 쇼핑몰에는 옷이나 음식 등 매장만이 아니라 수영장도 있고 놀이 시설도 있습니다. 이렇게 소비자들이 필요로 하는 여러 가지 제품이나 서비스들을 합치는 경우, 소비자들의 삶

● 배드민턴과 테니스를 합쳐서 만든
새로운 경기, 스피드민턴 용품

이 더욱 편리하고 윤택해질 수 있습니다. 당연히 우리 제품이나 서비스, 공간을 찾는 소비자들도 점점 많아지겠지요.

다음으로 던져 볼 수 있는 질문이 'Adapt'입니다. "소비자들이 가진 문제를 해결하기 위해서 기존 제품 형태를 응용 또는 변형할 수는 없을까?"라는 질문입니다. 여러분이 즐겨 타는 자전거를 예로 들어 볼까요. 자전거는 짧은 거리를 이동하는 데는 유용하지만 장거리를 이동하기에는 상당히 어려운 교통수단이기도 합니다. 만약 여러분이 사는 동네나 근처가 아니라 아주 멀리 떨어진 곳에 가서 자전거를 타고 싶다면 어떻게 자전거를 가지고 먼 곳으로 이동할 수 있을까요? 쉽지 않겠지요? 그래서 먼 곳으로 이동이 가능하도록 기존 자전거의 형태를 변형할 수는 없을까라는 질문을 던지게 됩니다. 자전거를 접어서 차에 실어 이동할 수 있다면 먼 곳에 가서도 자전거를 탈 수 있겠지요? 이런 생각에서 탄생한 자전거가 바로 영국에서 만들어진 브롬튼이라는 브랜드의 자전거인데요. 접이식 자전거로, 접었다가 폈다가 할 수 있습니다. 소비자들의 절대적인 문제를 잘 해결해 주는 제품이다 보니 가격이 150만 원 이상 합니다.

소비자들이 가진 문제를 해결하기 위해 대체하거나 합칠 만한 것을 찾지 못했거나, 형태를 바꿔도 해결이 되지 않는다면, 그다음으로 던져 볼 질

● 먼 곳에서도 자전거를 탈 수 있도록 변형한 접이식 자전거 브롬튼

● 씹어 먹는 초코 우유, 와퍼스

문은 "기존 제품이 가진 고유 속성을 변화시켜 보면 어떨까?"(Modify)
입니다. 우리가 즐겨 마시는 초코 우유를 예로 들어 볼게요. 우유는 금
방 상하기 때문에 항상 냉장 보관을 해야 합니다. 그렇다 보니 가방에
넣어 가지고 다니면서 언제 어디서나 원할 때 마시기는 쉽지 않습니
다. 이렇게 우유에 대한 불편함을 겪고 있는 소비자들의 문제를 어떻
게 해결할 수 있을까요? 우유를 냉장 보관하지 않아도 되게끔 우유의
속성을 변형해야 할 필요가 있습니다. 만약 우유가 액체가 아닌 고체
형태라면 어떨까요? 건조해서 고체 형태로 만들면 가방에 쏘옥 넣고
다니다가, 필요할 때 입에 넣고 오물오물 먹을 수 있겠지요. 그런 생각

으로 만들게 된 제품이 와퍼스입니다. 와퍼스는 고체 초코 우유입니다. 기존 우유가 가진 액체의 성질을 완벽하게 다른 것으로 변형해 버린 제품이지요.

아기들이 먹는 분유는 원래 가루로 만들어져 있어서, 따뜻한 물에 타 먹여야 하는 불편함이 있습니다. 그런데 만약 아기를 데리고 외출을 하게 된다면, 분유 가루를 탈 따뜻한 물을 어디서 구할 수 있을까요? 구한다 하더라도 그 물을 믿을 수 있을까요? 아기를 안은 채 젖병에 분유를 털어 넣고 따뜻한 물을 넣어 흔들어서 먹이는 힘든 과정을 생각하면 한숨이 나옵니다. 게다가 아기들은 잘 기다리지 못하기 때문에, 배가 고프면 울기 시작하고 분유를 먹을 때까지 멈추지 못합니다. 배고파서 우는 아기에게 어떻게 하면 빨리 분유를 먹일 수 있을까요? 이러한 생각에서, 아기에게 바로 먹일 수 있도록 가루 분유를 액체 분유로 만든 제품 엔파밀이 탄생합니다. 더 이상 엄마들은 아이와 외출할 때 분유를 타 먹이는 과정 때문에 힘들어 하거나 고민하지 않아도 됩니다.

다음으로 던져 볼 질문은 "기존 제품의 용도를 바꿔서, 소비자들이 가진 문제를 해결할 수 있을까?(Put to another use)"입니

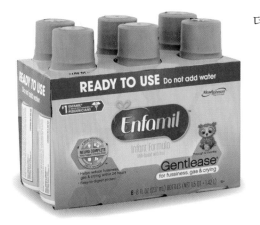

● 가루 분유를 액체 분유로 변형한 엔파밀

● 먹는 과일을 화장품으로
용도 변경한 스킨푸드

다. 많은 여성 소비자들은 아름다워지고 싶어 합니다. 이러한 결핍을 해결할 수 있는 방법은 무엇이 있을까요? 섭취하여 건강해질 수 있는 과일들을 얼굴에 바르면 어떨까요? 먹는 음식의 용도를 화장품으로 바꾸는 방법을 생각해 볼 수 있습니다. 화장품 브랜드 중 스킨푸드가 그러한 예라고 할 수 있지요. '과일, 먹지 말고 피부에 양보하라'는 매우 재미있는 개념으로 소비자들의 많은 사랑을 받았습니다.

코스타리카에는 매우 이색적인 호텔이 있습니다. 수명이 다 되어 버려진 여객기를 호텔로 용도 변경한 예입니다. 하루 숙박 요금이 한화 40만 원에서 60만 원으로 매우 비싸지만 많은 여행객들이 비행기 안에서의 숙박을 원한다고 하네요. 이와 유사하게 네덜란드 터고 공항에도 버려지는 여객기를 개조하여 만든 비행기 호텔들이 있습니다.

다음으로 "소비자들이 가진 문제를 해결하기 위해 기존 제품이 가진 속성 중에 없애야 하는 것이 있을까?"(Eliminate)라는 질문을 던져 봅니다. 우유는 하나도 뺄 것이 없을 정도로 완벽한 식품이라고 알려져 왔지요. 그런데 최근 소비자들이 다양한 종류의 음식들을 통해 지방

● 여객기를 호텔로 용도 변경한 코스타리카의 비행기 호텔(위)과
네덜란드 터고 공항의 비행기 호텔(아래)

● 소화를 방해하는 락토스 성분을 제거한 우유들

성분을 과잉 섭취하는 경우가 많아졌습니다. 이렇게 체중 감량과 건강에 대한 문제를 가진 소비자들을 위해서는 우유에서 지방 성분을 제거할 필요가 있습니다. 이런 생각으로 만들어진 우유 제품이 저지방 우유 또는 무지방 우유입니다.

혹시 주변에 우유를 먹으면 바로 화장실에 가야 하거나 배가 아프다고 하는 친구들이 있는지요? 우유에 들어 있는 락토스(젖당) 성분 때문인데요. 체질적으로 이 락토스 성분을 분해하는 효소를 적게 갖고 있는 소비자들은 우유를 마시기가 어렵습니다. 그래서 최근에는 락토스 성분을 제거한 우유도 출시되었습니다.

여러분이 코트를 새로 산다고 가정해 봅시다. 그 코트를 앞으로 몇 년 입을까요? 10년 정도? 아마 그렇지 않을 겁니다. 젊은 소비자들은 예전 세대와 다르게 옷을 오래 입으려 하지 않습니다. 길어 봐야 3년도 채 입지 않는 경우가 많다고 합니다. 심지어 한 계절만 입고 그냥 옷장에 넣어 두기만 하는 경우도 흔하지요. 소비자들은 유행을 따라가기를 원하고 금세 지루해 하기 때문에, 옷을 선택할 때 얼마나 오래 입을 수 있을까에 대한 고려는 거의 하지 않게 됩니다.

그렇다면 기존 옷에서 없애도 되는 것이 무엇일까요? 바로 내구성입니다. 예전에는 질긴 옷감에 바느질을 꼼꼼하게 하여 오래 입을 수 있도록 옷을 만들었다면, 이제는 그럴 필요가 없습니다. 소비자들이 원하지 않으니까요. 옷의 내구성을 제거하고 유행만 살린 옷들이 이른바 '패스트 패션'입니다. 빨리 입고 빨리 버리는 형태의 옷이지요. 대표적인 브랜드로 에잇세컨즈, 자라, H&M, 포에버21 등이 있습니다. 이렇게 소비자들이 원하지 않는 성분이나 속성을 제거하여 소비자의 문제를 해결해 주는 제품으로 재탄생시킬 수 있습니다.

● 잘 알려진 패스트 패션 브랜드 H&M

● 케첩 입구를 위에서 아래로
재배치한 하인즈 거꾸로 케첩

마지막으로, "제품을 재배치 또는 재배열하여, 소
비자들이 가진 문제를 해결할 수 있을까?"(Reverse/
Rearrange)라는 질문을 던져 봅니다. 우리가 당연하
다고 여겨 왔던 것들을 반대로 생각해 보거나 다시
배치해 볼 때 소비자들의 불편을 해소할 기회를 찾을
수 있습니다.

예를 들어, 케첩을 사용할 때 불편한 점이 있습니다. 많이 쓴 케첩을
짜낼 때 통을 거꾸로 든 후 위아래로 흔들어서 힘겹게 쥐어짜야 하지
요. 이 과정에서 손이나 옷, 주변에 케첩이 튀기도 합니다. 이러한 문제
를 어떻게 해결해 줄 수 있을까요? 케첩 용기 입구를 위에서 아래로 바
꾸어서, 아예 용기 아래쪽으로 내용물이 모이게 한다면 쉽게 케첩을
먹을 수 있겠지요. 이렇게 만든 제품이 바로 하인즈의 거꾸로 케첩입
니다.

기존에 우리가 당연시해 왔던 생각들을 반대로 해 보는 방법도 있습
니다. 좋은 선풍기라고 하면 어떤 선풍기를 떠올리게 되나요? 당연히
더 시원하고 더 강한 바람을 내뿜을 수 있는 선풍기이겠지요? 그런데
이런 당연한 생각들을 바꿔 보는 겁니다. 아기들에게는 시원하고 강한
바람이 건강에 좋지 않거든요. 아기들에게 가장 적당한 바람의 강도는
부채질 정도라고 할 수 있을 겁니다. 그래서 기존 선풍기에 대한 고정

● 빠른 선풍기에서 느린 선풍기로
역발상한 초초미풍선풍기 광고

관념을 바꿔서 더 세고 더 시원한 선풍기가 아닌 느리고 덜 시원한 선풍기를 만들게 됩니다. 한일전자에서 출시한 초초미풍선풍기가 그러한 예입니다.

'무엇은 그래야 해.'라는 우리의 고정적인 사고를 바꿔 보면 소비자의 문제를 해결할 수 있는 아이디어가 만들어질 수 있습니다.

🖩 소비가 아니라 경험이다!

제품을 사용하는 과정을 '소비'라고 합니다. 이때 '소비'라는 개념은 써서 없애 버리는 매우 단발적인 의미입니다. 소비자들은 제품을 사용하는 과정을 통해 기능적 경험, 감정적 경험, 상징적 경험을 하게 됩니다. 하나의 제품이나 서비스가 소비자들에게 이 세 가지 경험을 모두 제공하는 것은 아닙니다. 어떤 제품은 상징적 경험이나 감정적 경험보다 기능적 경험을 제공하고, 또 어떤 제품은 기능적 경험보다 감정적 경험을 제공합니다.

요즘 문구점에서 판매하는 책상용 미니 청소기가 인기인데요. 이 미니 청소기는 책상 위의 지저분한 지우개 찌꺼기를 청소해 주는 기능적 경험을 제공해 줍니다. 미니 청소기를 사용하는 가장 중요한 이유이지요. 이렇게 기능적인 경험을 제공하는 제품을 기능재라고 합니다. 그런데 미니 청소기 중에서도 피카추나 리락쿠마 캐릭터 모양 제품이 있는데요. 피카추 모양의 청소기가 지우개 찌꺼기를 빨아들이는 모습을 보면 신기하고 즐거운 감정을 느끼게 됩니다. 책상 위 청소가 재미있어지지요. 찌꺼기를 흡입해 주는 기능적 경험만이 아니라 그 모습을 통해 감정적 경험도 제공해 주는 셈이지요.

그러나 미니 청소기를 사용한다고 해서 의미가 발생하거나 사회적 소통을 하는 것은 아니기 때문에, 상징적 경험을 제공해 준다고 보기

● 기능적 경험과 감정적 경험을
제공하는 미니 지우개 청소기

는 어렵습니다.

기능적 경험 없이 감정적 경험만을 제공하는 제품들도 있습니다. 초콜릿, 사탕, 케이크와 같은 제품들은 삶의 실리적인 문제를 해결해 준다기보다는 즐거움만을 제공하는 제품들입니다. 오히려 건강에는 별로 유익하지 않다고 볼 수 있습니다. 그러나 제품을 통해 달콤한 행복감을 느끼게 됩니다. 컴퓨터 게임의 경우도 감정적 경험을 제공합니다. 기능적인 측면이나 상징적인 측면은 찾아보기 어렵습니다. 게임그 자체로 즐거운 감정, 화나는 감정, 긴장감 등을 경험하게 됩니다. 이러한 감정적 경험이 강조된 제품들을 쾌락재 또는 감성재라고 합니다.

상징적 경험을 중요시한 제품은 어떤 것들이 있을까요? 사회적으로 소통할 수 있는 의미가 중요한 제품들이 그러한데요. 공정 무역 커피나 재활용 가방을 예로 들 수 있습니다. 공정 무역 커피의 경우 물론 커피 본연의 기능도 중요하지만, 생산자에게 공정한 기회와 비용을 지불하여 생산된 커피라는 사회적 의미가 더 큽니다. 공정 무역 커피를 구매하는 소비자들은 커피 맛과 같은 기능적 경험보다는 공정한 거래를 통해 만들어진 커피를 구매하고 소비한다는 데 자부심과 보람을 느끼는 상징적 경험을 하게 됩니다.

또는 소비자의 부와 사회적 지위를 타인에게 알리는 데 도움을 주는 고가의 패션 브랜드들이 있습니다. 에르메스, 샤넬, 루이비통 등은 사용자의 사회적 지위와 부에 대한 상징적 의미를 담고 있습니다. 샤넬 가방은 상당히 비싸기 때문에 어느 누구나 구입할 수 있는 제품 브랜드는 아니지요. 이렇게 고가의 가방을 어깨에 메고 있다는 것은 가방을 멘 사람의 부가 얼마나 큰지를 의미하게 됩니다. 이렇게 특정 의미를 경험하도록 도와주는 제품을 상징재라고 합니다.

● 아시아공정무역네트워크의 공정 무역 제품들

Consumer
Targeting
Merchandiser
Franchiser
3C
Primacy Effect

7 넌 이름이 뭐니?

브랜드 전략

브랜드명을 접할 때 소비자들은 그것을 통해 여러 가지 정보들을 고려합니다. 제품 구매의 이유와 정체성은 물론이고 그 제품을 만든 기업의 신뢰도, 향후 제품에 문제가 발생했을 때 수리를 잘해 줄 것인지에 대해 생각합니다. 하루아침에 대단한 브랜드를 만들어서 소비자들이 제품이 아닌 브랜드를 구매하도록 유도하는 일은 불가능합니다.

아이팟은 🛒 브랜드명일까, 제품명일까?

브랜드에 대해서 다루기 전에 명확히 구분 지어야 할 것이 있습니다. 브랜드명과 제품명의 차이인데요. 먼저 질문을 한번 던져 보겠습니다. 아이팟은 브랜드명일까요, 제품명일까요?

답은 브랜드명입니다.

그렇다면, 까스활명수는 브랜드명일까요, 제품명일까요?

이것도 브랜드명입니다.

아이팟이 브랜드명이라면, 대체 제품명은 무엇일까요? 아이팟의 제품명은 MP3 플레이어입니다. 수많은 제조사들이 다양한 제품의 기능과 디자인으로 MP3 플레이어라는 제품을 생산하고 있습니다. 그러나 기능과 디자인이 다른 MP3 플레이어를 똑같이 MP3 플레이어라고 하면 어떻게 될까요? 소비자들이 혼란스러워 하겠지요? 제조사 입장에서도 우리가 만든 MP3 플레이어가 다른 제조사에서 만든 MP3 플레이어와 어떻게 다른지 쉽게 알릴 수 있는 방법이 없습니다. 따라서 애플사에서 만든 MP3 플레이어는 삼성전자에서 만든 MP3 플레이어와 다르다는 표시로 가장 먼저 이름을 짓게 됩니다. 그것이 브랜드명이지요. 애플사의 MP3 플레이어는 그냥 MP3 플레이어가 아니라 '아이팟'입니다. 최근에는 더 작은 사이즈의 '아이팟 셔플'이라는 이름의 MP3 플레이어가 출시되기도 했습니다. 반면에 삼성전자는 애플사에서 만든 MP3 플레이어와 구분 짓기 위해 '옙(Yepp)'이라는 이름을 붙입니다. 이렇게 제조사에서 소비자들이 원하는 기능을 담아 차별적으로 만든 제품에 부여한 고유 이름을 브랜드명이라고 합니다. 따라서 하나의 제품명에 다양한 브랜드명이 가능합니다.

까스활명수의 제품명은 무엇일까요? 액상 소화제입니다. 많은 제약회사에서 액상 소화제를 만들어 판매하고 있습니다. 그중 동화제약에서 액상 소화제에 탄산을 넣어 개발하게 되었는데요. 다른 제약회사에서 만든 액상 소화제와 구분되어야 하거니와 탄산이 추가

● 삼성전자의 MP3 플레이어 옙(위)과
애플의 MP3 플레이어 아이팟 셔플(아래)

되었다는 사실을 소비자들에게 쉽게 전달하기 위해서는 다른 이름이 필요해집니다. 따라서 탄산이 들어가 있다는 의미로 '까스활명수'라는 이름, 즉 브랜드명을 만들게 됩니다.

브랜드명은 다른 기업에서 만든 제품이 아닌 우리 기업이 만든 제품이 선택되도록 유도하는 데 가장 중요한 역할을 한다고 볼 수 있습니다. 예를 들어 약국에 가서 "소화제 주세요."라고 하면 약사가 이 고객이 어떤 소화제를 달라고 하는지 알 수가 없잖아요? 워낙 많은 제약 회사에서 다양한 소화제를 만들어 공급하고 있으니까요. 그런데 "까스활명수 주세요."라고 하면 동화제약에서 만든 탄산이 들어간 액상 소화제라는 것을 누구나 쉽게 알 수 있습니다. 이렇게 브랜드명은 많은 동일한 유형의 제품들 가운데서 자신을 차별화하고 소비자들에게 선택의 이유를 쉽게 전달하는 역할을 합니다.

'제품군'은 동일한 기능을 수행하는 비슷한 제품들의 집합입니다. 그러한 집합에 이름을 붙인 것이 제품명이지요. 비유하자면 '사람'을 제품명이라고 했을 때 여러분 개개인이 가진 '이름'은 브랜드명이 됩니다. 제조사인 부모님의 꿈과 희망을 담아 여러분 개개인의 이름, 개인 브랜드명이 만들어집니다. 여러분 개인에게 정체성을 부여해 주는 역할을 하는 것이 이름, 즉 브랜드명이지요. 만약 브랜드가 없다면, 또는 이름이 없다면 우리는 모두 그냥 '사람'으로 불리게 됩니다.

🛍️ 브랜드,
뭣이 중요한디?

목이 말라서 생수 하나를 구입하려고 합니다. 생수 하나를 선택하려 하니, 제주 삼다수, 백산수, 롯데 아이시스, 에비앙, 풀무원 샘물, 동원 미네바인, 석수, 코카콜라 휘오순수, 지리산 산청수, 홈플러스 맑은샘물, 롯데마트 초이스엘, CU 헤이루 미네랄워터, GS25 함박웃음 맑은샘물, 이마트 봉평샘물 등 너무나 많은 브랜드들을 고려해야 합니다.

생수 시장에 200여 개의 브랜드가 있다고 합니다. 그런데 이 많은 생수 브랜드들을 모두 고려하여 각 브랜드가 가진 장단점을 꼼꼼히 따져 구매하는 소비자는 거의 없을 겁니다. 소비자는 생수 브랜드를 보고 바로 머릿속에 연상되는 개념들을 고려하여 선택하게 됩니다. 이렇게 연상되는 개념들은 대체로 제품 품질과 관련되어 있습니다.

소비자는 생수 브랜드를 접했을 때, '아, 광고에 누가 나왔지.', '지난번 마셔 본 적이 있지.', '물맛이 괜찮았지.', '깨끗한 것 같아.'와 같은 정보들을 머릿속에 떠올립니다. '제주 삼다수'를 보면 '제주도 청정 지역의 깨끗한 물'을 떠올리게 되고, '아이시스'는 '젊은 여성들에게 생기 넘치는 활력을 제공하는 물,' 에비앙은 '젊어지는 물' 등을 떠올리게 됩니다. 만약 머릿속에 떠오르는 정보들이 없다면, 그 브랜드는 고려 대상에서 제외되지요. '함박웃음 맑은샘물'이라는 브랜드를 접했을 때 직접 경험해 본 적도 없고 들어 본 적도 없다면 섣불리 그 브랜드를 선택

● 종류가 많아서 고르기 쉽지 않은 생수 브랜드

하기 어렵습니다. 브랜드는 제품의 품질을 알려 주는 일종의 신호로써, 제품의 품질을 쉽게 유추할 수 있도록 도와주는 역할을 합니다.

만약 브랜드가 없다면 내가 원하는 생수를 어떻게 찾고 고를 수 있을까요? 생각만 해도 아찔합니다. 어떤 생수를 선택해야 하는지 막막할 겁니다. 아마 개별 플라스틱 병에 담긴 무명의 생수들 중 어떤 생수가 가장 좋은지를 알기 위해 열심히 관련 정보를 찾아야 하겠지요. 그런데 생수 하나를 선택하는 데 그렇게 많은 시간을 쏟을 수 있을까요? 현실적으로 어렵지요. 브랜드는 소비자들의 구매 의사 결정 과정을 간단하게 만들어 주는 역할도 합니다.

오늘 소개팅 나오려고
노페 질렀어요. ㅋㅋ

비싼 브랜드의
시대는
지나갔다!

마케팅에서 브랜드는
제품의 정체성을 전달해 주
는 단서 역할을 합니다. 그러
나 제품 정체성과 관련이 없
는 의미들을 부풀려 부여
하거나 허위 이미지를
심어 놓고 높은 가격
을 책정하여 '감성
브랜드'로 포장하
던 시절이 있었습니
다. 일부 샤넬이나 디올과
같은 고가의 화장품 브랜드
경우도 실제 제품 본연의 문제
해결 능력보다는 고급스럽고 사치스
러운 상징적인 이미지들로 포장해 왔
습니다.

그러한 '거품형' 브랜드는 한동안

언제 적 유행을…
부끄러움은 나의 몫…

소비자 자신이 쌓아 온 부와 사회적 지위를 타인에게 과시하고자 하는 결핍을 해소해 주었습니다. 특히 한국 사회의 경우, 어렵게 살던 시대에서 벗어나 빠른 시간 동안 경제 발전을 이루어 내고 그 속에서 부를 쌓아 성공한 자산가들은 자신의 성공을 사회적으로 인정받기를 원했습니다. 타인에게 인정받고자 하는 욕구가 이러한 거품형 브랜드 구매로 이어졌습니다. 고가의 해외 브랜드 가방을 들고 다니면, 그러한 브랜드 옷을 입으면, 사람들이 내 성공을 인정해 주리라 생각했지요.

대체로 이러한 상징적 소비는 경제적 성장이 매우 빠르게 일어나는 국가에서, 또한 사회적인 관계가 중시되는 문화에서 더욱 두드러지게 나타납니다. 최근 중국 소비자들이 해외 고가 브랜드를 많이 찾고 있다고 하지요. 빠르게 부를 쌓아 온 중국 소비자들은 이러한 부의 축적과 사회적 성공을 인정받고 싶어 하고 보여 주고 싶어 합니다. 그러나 과거 유럽이 그러했듯이, 또 미국과 일본이 그러했듯이, 소비자가 성숙하고 경제 성장이 안정기에 들어갈수록 거품형 브랜드 소비는 점점 줄어듭니다. 우리나라도 브랜드의 내실, 제품의 정체성에 의미를 둔 소비 트렌드로 변화하고 있습니다.

몇 년 전 중·고등학생들 사이에서 인기를 누렸던 노스페이스도 이

● 브랜드 로고를 찾아보기 어려운 유니클로 의류

제는 관심 밖 브랜드가 되었습니다. 소비자들은 상징적인 의미보다는 실제 체감할 수 있는 기능 중심으로 브랜드를 선택하기 시작했습니다. 내가 얻을 수 있는 경험과 내가 지불해야 하는 비용을 꼼꼼히 비교해 브랜드를 선택합니다. 그러다 보니 최근 젊은 소비자들 사이에서 브랜드명이 드러나지 않는 제품을 선호하는 경향이 늘고 있습니다.

유니클로의 경우, 의류 어디에도 브랜드 로고나 이름을 찾아볼 수 없습니다. 소비자들이 브랜드명이 표시된 의류를 입고 싶어 하지 않기 때문입니다. 가격이 저렴해서 그런 것이 아니냐고요? 그렇지 않습니다. 고가의 해외 브랜드 의류나 액세서리의 경우에도 브랜드 로고가

정면에 찍혀 있는 의류나 가방은 잘 팔리지 않습니다. 굳이 그런 브랜드 표시가 드러난 옷을 구매할 이유가 없다고 생각하는 겁니다. 즉, 보여 주기 중심의 소비를 하지 않겠다는 뜻이지요. 입어서 내가 편하고, 내 몸에 잘 맞고, 내 단점을 잘 가려 주고, 그래서 타인이 보기에도 불편해 보이지 않는 의류를 선택하기 시작했습니다. 성숙한 소비 시장으로 옮겨 가고 있는 것이지요.

이렇게 앞으로는 브랜드가 전달하는 상징적 의미나 감성 때문에 비용을 더 지불하고 구매하는 소비자 수는 점점 줄어들 것으로 예측됩니다. 그 대신 제품이 실질적으로 제공하는 기능 중심적 소비가 주를 이룰 듯한데요. 최근 이러한 소비자들의 흐름을 반영하여 이마트에서 '노브랜드'라는 이름의 자체 브랜드를 출시했습니다. 브랜드 이름이 없는 것이 아니라, 브랜드 이름 자체가 '노브랜드'입니다. '노브랜드'는 소비자들이 실제 경험하지 못하는 허위 감성이나 상징적 의미를 담고 있는 거품형 브랜드가 아닌, 제품의 본질과 정체성만을 진실하게 담아내겠다는 브랜드입니다. 따라서 불필요하게 추상적이고 어려운 브랜드 이름을 만들어서 제품의 정체성과는 동떨어진 의미를 부여하여 가격을 높게 책정하는 방식은 피해야 합니다. 브랜드 역할의 본질로 돌아가서, 브랜드를 통

No Brand

브랜드가 아니다. 소비자다.

노브랜드는 이마트가 꼭 필요한 성능, 기능, 함량으로 개발한 초저가 PL 상품입니다.

● 이마트의 자체 브랜드인 '노브랜드'

해 제품의 정체성과 구매의 이유를 효과적으로 전달할 수 있는 방법을 고민해야 소비자들의 선택을 받을 수 있습니다.

🖩 브랜드 이름은 더 이상 중요하지 않아!

아파트 브랜드 '자이'가 무슨 뜻인지 알고 있나요? 소비자들은 브랜드 이름이 가진 고유의 뜻을 알지 못하는 경우가 많습니다. '자이'라는 브랜드는 영문으로 'Xi'로 표현됩니다. 'Xi'는 'eXtra intelligence'의 줄임말이라고 합니다. 특별한 지성을 추구하는 아파트라는 뜻을 담고 있다고 하는데요. 그렇다면 불행히도 이 브랜드 이름은 잘못 만들어졌습니다. 'eXtra intelligence'는 '특별한 지성'이 아니라 '추가적 지성'이라는 뜻이거든요. 문법적으로나 의미론적으로 맞지 않지요. 그렇지만 상관없습니다. 소비자들은 Xi가 무엇의 약자인지, 그것이 어떤 의미를 지녔든지 별로 상관하지 않습니다. 광고를 통해 자이라는 아파트가 어떤 아파트인지를 기억할 뿐입니다. '자이'라는 브랜드 이름을 들으면 배우 이영애와 함께, 따뜻한 감정, 이웃과의 나눔, 공동체 등을 떠올리게 됩니다. 원래의 '자이'가 의미하는 바와는 다른 이미지들이지요. 즉, 브랜드 이름이 갖는 원래의 의미보다는 소비자들이 잘 기억할 수 있고 좋아할 수 있는 구매의 이유를 부여하는 일이 중요합니다.

바나나 구입할 때 'Dole'이라는 스티커가 붙여져 있는 모습을 본 적이 있지요? 'Dole'은 과일 브랜드명입니다. 그렇다면 'Dole'의 의미가 무엇인지, 또는 바나나 브랜드에 왜 'Dole'이라는 이름을 붙였는지 알고 있나요? 'Dole'이라는 브랜드명에 대단한 의미가 숨어 있을 것이라고 생각했다면 실망할 겁니다. 왜냐하면 'Dole'은 이 과일 회사를 창업한 제임스 돌(James Dole)의 성에서 따왔기 때문입니다. 매우 단순하지요? 'Dole'이 창업주의 이름임을 알았든 몰랐든 무엇이 달라질까요? 'Dole'의 뜻을 모를지라도 바나나에 'Dole'이라는 스티커가 붙어 있으면 품질이 좋다고 생각하게 됩니다. 믿고 안심하고 선택할 수 있지요.

그런데도 기업들은 종종 새로운 브랜드 이름을 정하기 위해 수억 원 비용을 들여 컨설팅을 받는 경우가 있습니다. 쉽게 말하면, 작명소를 찾아가서 돈을 주고 좋은 이름을 사는 셈이지요. 그 이유는 브랜드 이름을 잘 지으면 제품이 성공할 수 있다고 잘못 생각하고 있기 때문입니다. 그러나 실제 소비자들이 제품을 구매할 때 고려하는 브랜드는 단순히 멋진 이름이 아닙니다. 브랜드명을 접할 때 소비자들은 그것을

● 창업주의 성을 딴 브랜드명 Dole

통해 여러 가지 정보들을 고려합니다. 제품 구매의 이유와 정체성은 물론이고 그 제품을 만든 기업의 신뢰도, 향후 제품에 문제가 발생했을 때 수리를 잘해 줄 것인지에 대해 생각합니다. 하루아침에 대단한 브랜드를 만들어서 소비자들이 제품이 아닌 브랜드를 구매하도록 유도하는 일은 불가능합니다. 브랜드는 시간과 경험치를 담고 있기 때문입니다. 브랜드는 그 기업의 역사라고 할 수 있습니다.

그래도 기본 원칙은 있지!

그렇다고 해서 아무렇게나 브랜드 이름을 짓지는 않습니다. 적어도 브랜드명을 만들 때 지켜야 하는 기본 법칙이 있습니다. 첫째, 브랜드 이름에서 부정적인 이미지가 연상된다거나 껄끄러운 느낌이 들면 안 되겠지요. '바바(baba)'라는 캔커피 브랜드가 있습니다. 바바 하면 어떤 이미지가 연상되나요? 고릴라, 털복숭이, 바보, 어두움, 덩치 큰 사람 등이 연상됩니다. 그윽한 커피향이나 맛이 연상되지 않습니다. 좋은 브랜드명이라고 하기 어렵습니다.

'강글리오'는 어떤가요? 녹용의 주 영양 성분이자 기억력 향상에 도움을 주는 강글리오시드라는 성분이 함유된 커피라고 하여 '강글리오'라고 이름을 지었습니다. 건강에 좋은 성분 이름이라고 합니다만, 그

최상급 아라비카 원두 블랜딩
바바 바리스타 블랜드

100% Arabica & Honey, Apple
건강까지 생각한 커피
강글리오·꿀·사과·커피

● 브랜드명이 제품 이미지에 어울리지 않았던 커피들

게 무엇이든 소비자가 다 알기 어렵지요. '강글리오'는 듣기에 불편하고 딱딱한 느낌을 줄 뿐입니다. 결국 농심은 2년 만에 강글리오 커피 사업을 접게 됩니다.

여러분, 롯데제과에서 나오는 '몽쉘'이라는 초코케이크 잘 알지요? 출시될 때 브랜드명은 '몽쉘'이 아닌 '몽쉘 통통'이었다고 합니다. 그런데 소비자들 반응이 그다지 좋지 않았습니다. '몽쉘 통통'을 먹으면 통통하게 살이 찔 것 같다는 부정적인 느낌을 주었기 때문입니다. 그래서 '통통'을 뺀 '몽쉘'로 브랜드명을 바꾸었더니, 지금과 같은 인기를 누리게 되었지요.

유럽의 울워스 마트에서 여자 어린이들을 위한 '롤리타(Lolita)'라는 이름의 침대를 출시했습니다. 어떻게 되었을까요? 바로 판매가 중단됩니다. '롤리타'는 나이 든 남성들이 성적 매력을 느끼는 조숙한 소녀를 의미하거든요. 여자아이들을 둔 많은 엄마들은 이 침대 브랜드명에 분개했습니다.

● 브랜드명을 바꾸어서 성공한 몽쉘

이런 예는 생각보다 많습니다. 스포츠 용품 회사인 리복에서 인큐버스(Incubus)라는 이름의 운동화를 출시했습니다. 이 운동화를 출시하고 리복 전체 매출이 떨어지게 되었는데요. 그 이유는 인큐버스라는 브랜드명 때문이었습니다. 인큐버스는 자고 있는 여성들을 강간하는 악마의 영혼이라는 뜻을 가지고 있습니다. 이렇게 여성을 성적으로 비하하는 뜻을 가진 운동화 브랜드라니! 소비자들이 기꺼이 구매하고 싶을까요?

둘째, 브랜드명은 기억하기 쉬워야 합니다. 최근 일부 기업에서 아주 생소한 브랜드명을 짓는 경우가 있는데, 이 경우 소비자들 머릿속에 기억시키기 위해 교육 비용, 즉 광고 비용이 많이 필요합니다. 한마디로 마케팅 효율성이 낮은 브랜드명이라고 볼 수 있습니다. 현재 미국 시장에서 잘나가는 게스(Guess), 애플(Apple), 베스트바이(Bestbuy), 다이하드(Diehard, 자동차 배터리 브랜드로 '절대 죽지 않아'라는 뜻)와 같은 브랜드명은 이미 알고 있는 개념들이어서 소비자가 따로 광고를 접하지 않아도 매우 쉽게 기억됩니다.

셋째, 브랜드명은 제품의 특징을 잘 표현할 수 있어야 합니다. 예를 들어 요플레의 고거트(GoGurt)는 고(Go)와 요거트(Yogurt)를 합하여 만든 브랜드명입니다. Go는 '가다'란 뜻이잖아요? 움직이면서 먹기에 편리하다는 특징을 담은 브랜드명이라고 볼 수 있습니다. 기억하기도 매우 쉽죠. 'I can't believe it's not butter!'라는 아주 긴 브랜드명을 가진 제품도 있습니다. '이게 버터가 아니라는 걸 믿을 수가 없어!'라는

● 기억하기 쉬운 브랜드 이름

뜻이지요. 이 제품은 버터가 아니라 식물성 마가린입니다. 즉, 버터가
아니지만 버터만큼 맛있다는 뜻으로, 마가린이 버터에 뒤지지 않을 정
도로 풍미가 있다는 메시지를 브랜드명으로 표현한 예라고 볼 수 있습
니다. 길지만 쉽게 잊히지 않는 브랜드명입니다.

넷째, 유행에 민감하지 않아야 합니다. 브랜드는 적어도 수십 년 동
안 소비자들에게 사랑받을 수 있어야 합니다. 그런데 만약 특정 시기
의 유행을 쫓아서 브랜드 이름을 짓게 되면, 잠깐은 좋아 보일 수 있겠

지만 시간이 지나면 촌스럽다고 느끼게 됩니다. 예를 들어 아파트 브랜드명에 '팰리스'를 넣는 것이 한창 유행이었던 적이 있었습니다. '타워 팰리스', '래미안 팰리스', '현대 팰리스', '대우 팰리스' 등 너무나 많은 아파트 브랜드 이름에 팰리스가 들어가기 시작했지요. 지금 들으니 어떤가요? 품격이 있다거나 고급스럽게 느껴지기보다는 왠지 촌스럽고 흔한 것 같습니다.

이와 마찬가지로, 대학 문화에서도 한창 '글로벌'이라는 용어가 대세였던 적이 있었습니다. 어느 대학이든 "글로벌 인재를 키운다.", "글로벌 대학이다." 하고 주장했습니다. 그 당시에는 '글로벌'이라는 개념이 참 멋져 보였지만, 지금은 어떤가요? '글로벌' 흐름은 너무 당연하지만 오히려 '글로벌'을 주장하는 대학은 시대에 뒤떨어진 것 같다는 생각이 듭니다.

이렇게 여기저기 시도 때도 없이 쓰이는 유행 언어들은 그 시기가 지나면 매우 식상해집니다. 따라서 최신 유행 언어나 개념들은 브랜드명에 활용하기에 적합하지 않습니다. 시간이 흘러도 변치 않는 느낌의 브랜드명이어야 합니다.

다섯째, 흔하지 않아야 합니다. 어디서든 쓰이는 흔한 이름이면 시간이 흐르기도 전에 이미 게임이 끝난 겁니다. 소비자들이 그 브랜드에 대해 흥미를 가지기 어렵습니다. 호기심도 생기지 않지요. 더 중요한 사실은 브랜드가 법적으로 보호받을 수 없다는 겁니다. 기업이 자신의 브랜드를 보호받기 위해서는 특허청에 상표 등록을 해야 하는데요. 많은 사람들이 사용하는 보편적이고 일상적인 이름은 상표 등록이 되지 않습니다. 예를 들어 '저지방 우유'는 상표 등록을 할 수 없습니다. 누구나 사용하는 보편적인 언어이기 때문입니다. 호기심과 흥미를 이끌어 낼 수 있는 새로운 브랜드명을 고민해야 합니다.

브랜드, 그림에 담아내

소비자들의 머릿속에 브랜드를 쉽게 인식시키기 위해서 로고, 심벌, 캐릭터, 슬로건 등을 활용합니다. 로고는 브랜드명을 간단하게 글자로 표현한 형태이고요, 심벌은 그림으로 간단히 표현한 형태입니다. 캐릭터는 브랜드를 대표하는 사람이나 동물을 의미합니다. 슬로건은 브랜드의 구매 이유를 표현하는 간단한 대표 문구입니다. 로고, 심벌, 캐릭터, 슬로건 등을 브랜드의 구성 요소라고 하지요.

이렇게 다양한 브랜드 표현 방법 중에 어떤 방법이 가장 효과적일까요? 소비자들은 로고와 같은 글자를 잘 기억할까요, 아니면 심벌이나 캐릭터와 같은 그림을 더 잘 기억할까요? 그림이 글자보다 더 주목도가 높고 더 잘 기억됩니다. 따라서 최근 많은 브랜드 관리자들은 브랜드를 글자로 표현하기보다는 그림을 통해서 빨리 각인시킬 수 있는 방법을 고민하고 있습니다.

미국 얼스테이트 보험 회사는 간단한 글자의 조합으로 만들어진 로고를 사용하지 않고, 두 손이 모아져 있는 형상의 심벌을 통해 회사 철학을 표현하고 있습니다. 이 심벌은 소비자를 보호해 주겠다는 강력한 의지를 표명하고 있습니다.

독일 스포츠 브랜드인 아디다스는 세 개의 선을 심벌로 표현하고 있는데요. 처음 아디다스 신발을 만들 때 가죽 신발이 늘어나지 않게 하려고 신발 끈으로 신발을 세 번 둘러 묶은 것에 착안했다고 합니다. 최근에는 기존 아디다스를 상징하는 '세 개의 선'에 도전과 성취를 의미하는 '산'의 의미를 더하여 심벌을 재디자인했습니다.

심벌이 브랜드 의미를 표현해 주는 상징적 역할을 한다면, 캐릭터는 브랜드에 활기와 생명력을 불어넣어 줍니다. 코카콜라의 북극곰 캐릭터는 코카콜라의 시원함을 더욱 효과적으로 표현해 줍니다. 추운 북극에 사는 곰이 마시는 코카콜라, 짜릿하게 시원할 것 같지 않나요?

에너자이저 건전지의 캐릭터는 북 치는 토끼입니다. 예전 아이들이 가지고 놀던 장난감 인형 중에 북 치는 토끼가 있었어요. 제가 어렸을 적만 하더라도 이렇게 혼자서 움직이는 인형들이 인기가 있었답니다. 혼자서 북을 치다가 어느 순간 멈추게 되는데요, 그 이유는 건

● 두 손을 모아 보호해 준다는 의미를 담은 얼스테이트 심벌(아래)과 세 개의 선을 상징하는 아디다스 심벌(위)

전지 수명이 다 되어서입니다. 그런데 에너자이저 토끼는 북 치기를 절대 멈추지 않습니다. 건전지 수명이 길기 때문이지요. 에너자이저 브랜드의 정체성을 표현하기에 매우 적합한 캐릭터라고 볼 수 있습니다.

미쉐린 타이어의 캐릭터는 푹신푹신해 보이는 사람의 형상인데요. 미쉐린 타이어의 정체성인 '승차감'을 표현해 주는 캐릭터로 볼 수 있지요. 이 캐릭터만 보아도 미쉐린 타이어가 장착된 자동차는 승차감이 뛰어날 것 같다는 생각이 듭니다. 이렇게 캐릭터는 생명이 있는 사람이나 동물의 형상을 통해서 브랜드가 전달하고자 하는 의미를 매우 쉽고 간단하게 표현해 주는 역할을 합니다.

JDX라는 골프 의류 브랜드가 있습니다. JDX 앞에 토끼가 골프채를 들고 있는

● 브랜드에 활기를 불어 넣는 캐릭터들의 활약

형상이 그려져 있습니다. 대체 왜 그 많은 동물 중에 토끼가 골프채를 들고 있는 것일까요? 토끼와 골프는 무슨 관계일까요? 사실 알기 어렵습니다. 그냥 귀여울 뿐이지요. 그렇다면 JDX의 브랜드 정체성이 귀여움일까요? 그렇지도 않습니다. 골프 의류 브랜드 블랙앤화이트도 강아지 캐릭터를 사용하고 있습니다만, 무슨 관계가 있는지 쉽게 알기 어렵습니다. 이렇게 일부 브랜드들은 브랜드 정체성과 관련이 없는 캐릭터를 사용하기도 합니다. 토끼나 강아지는 귀여운 동물이기는 하지만, 골프와 관련이 적기 때문에 골프 의류 브랜드에는 적합하지 않은 캐릭터라고 볼 수 있습니다. 그 때문인지 최근 JDX는 토끼 캐릭터를 쓰지 않고 있습니다.

마지막 브랜드 요소로 로고를 살펴볼까요? 로고는 글자의 조합이라고 정의할 수 있습니다. 소비자들은 브랜드 이름이 길거나 글자 수가

● 골프 의류 브랜드와 연관성을 찾기 어려운 캐릭터들

많으면 잘 기억하지 못하는데요. 그래서 이를 짧게 표기한 것이 로고입니다. 예를 들어 배스킨라빈스는 영어로 'Baskin Robbins'인데 브랜드 이름이 너무 길어서 쉽게 눈에 들어오지도 않고 표기하려면 공간도 많이 필요합니다. 그래서 브랜드 이름을 효율적으로 소통하기 위해 Baskin의 'B'와 Robbins의 'R'를 따서 'BR'이라는 로고를 사용합니다. 눈에 쉽게 들어오고 기억하기도 편합니다. 샤넬의 경우도 Chanel의 'C' 두 개를 겹쳐서 표기하는 방식으로 C를 더 강조합니다.

대체로 많은 기업들이 브랜드 이름을 간단하게 축약하여 로고 형태로 소통하거나, 앞서 살펴본 것처럼 형상화하여 그림으로 표현하는 심벌, 또는 브랜드에 생명력을 불어 넣는 캐릭터 등을 사용하여 브랜드를 소비자 머릿속에 쉽게 각인시킵니다. 이러한 브랜

● 브랜드를 문자의 조합으로
간단히 표현한 로고

드 구성 요소들을 모두 사용할
수도 있지만, 일반적으로 해당
브랜드에 가장 적합하다고 판
단되는 한두 가지 요소를 사용
합니다. 로고, 심벌, 캐릭터가
모두 등장하면 혼란스러우니
까요.

8 얼마면 될까?

가격 전략

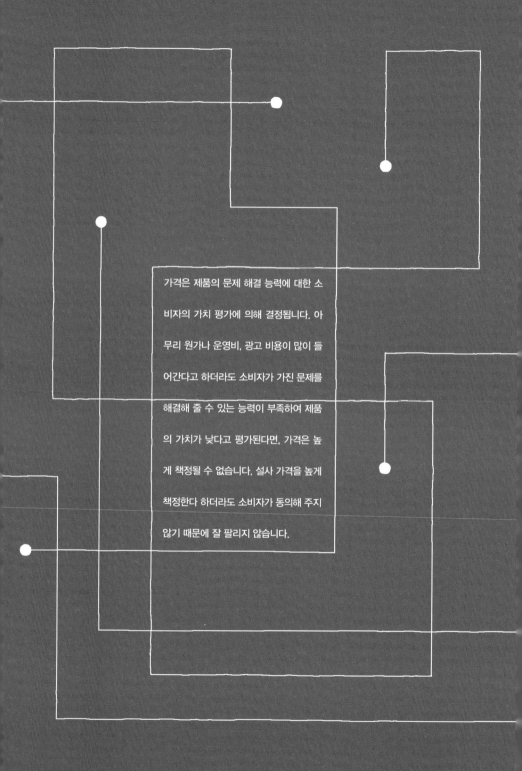

가격은 제품의 문제 해결 능력에 대한 소비자의 가치 평가에 의해 결정됩니다. 아무리 원가나 운영비, 광고 비용이 많이 들어간다고 하더라도 소비자가 가진 문제를 해결해 줄 수 있는 능력이 부족하여 제품의 가치가 낮다고 평가된다면, 가격은 높게 책정될 수 없습니다. 설사 가격을 높게 책정한다 하더라도 소비자가 동의해 주지 않기 때문에 잘 팔리지 않습니다.

가격은
소비자가 결정한다

소비자들이 겪고 있는 불편함이나 결핍을 해소해 주는 제품 및 서비스를 만들었다면 이제 가격을 결정해야 합니다. 그렇다면 가격은 어떻게 결정해야 할까요? 마케팅 관리자가 가격을 결정할 수 있을까요? 궁극적으로 가격 결정자는 마케팅 관리자가 아니라 소비자입니다. 여러분이 만든 제품을 소비자가 판단하기에 얼마만큼의 지불 가치가 있는지, 1,000원의 가치인지 100만 원의 가치인지에 따라 결정됩니다.

흔히들 잘못 알고 있는 부분이 바로 가격 결정 요인인데요. 제품을 제작하는 비용(원가), 소비자들과 소통하거나(광고 비용) 직원을 고용하고 점포를 임대하는 비용(운영비) 등과 같이 제품을 제조·판매하는 데 필요한 모든 비용들을 합하고 거기에 이윤을 더하여 가격을 설정한다고 알고 있지요. 불행히도 제품 가격은 이렇게 원가나 운영비 등을 바탕으로 책정되지 않습니다. 가격은 제품의 문제 해결 능력에 대한 소비자의 가치 평가에 의해 결정됩니다. 아무리 원가나 운영비, 광고 비용이 많이 들어간다고 하더라도 소비자가 가진 문제를 해결해 줄 수 있는 능력이 부족하여 제품의 가치가 낮다고 평가된다면, 가격은 높게 책정될 수 없습니다. 설사 가격을 높게 책정한다 하더라도 소비자가 동의해 주지 않기 때문에 잘 팔리지 않습니다.

소비자들이 느끼는 심각한 결핍이나 문제를 잘 해결해 주는 제품일수록 가격은 높게 설정될 수 있습니다. 소비자들이 느끼는 결핍이나 문제가 심각할수록 소비자들은 불편함을 크게 느끼고 빨리 해결하기를 원합니다. 그만큼 제품 구입이 가치 있다고 인식하게 되지요. 따라서 높은 가격은 전혀 문제가 되지 않습니다. 가격은 소비자들의 심각한 결핍을 얼마나 잘 해결해 주는가에 따라 설정됩니다.

그러나 소비자들이 느끼는 심각한 결핍이나 문제를 잘 해결해 준다고 해서 항상 높은 가격을 설정할 수는 없습니다. 만약 경쟁자가 그러한 문제를 동일한 방식으로 잘 해결해 주고 있다면 경쟁자의 가격을 고려해야 합니다. 만약 소비자의 중대한 문제를 해결해 줄 수 있고 그 방법이 경쟁자보다 우월하다면 가격은 높게 책정될 수 있습니다.

가격을 바라보는 소비자들의 복잡한 심리와 제품 유형을 함께 고려하여 가격을 설정하는 방법에 대해 조금 더 구체적으로 살펴보기로 해요. 앞서 제품 또는 서비스가 제공하는 세 가지 유형의 경험에 대해서 살펴보았습니다. 만약 제품이 기능적 경험에 치중되어 있다면 원가,

운영비 등을 바탕으로 가격을 설정하는 편이 맞습니다. 여기에 품질의 우수성이나 소비자들이 느끼는 결핍 또는 문제의 심각성 등을 추가로 고려하여 합리적인 가격을 정하게 됩니다. 그 이유는 기능적 경험이 중시되는 제품의 경우, 기능을 중심으로 제품끼리 비교하여 제품이 더 나은지 또는 부족한지 쉽게 평가할 수 있기 때문입니다. 자동차의 경우, 몇 가지 자동차의 품질 평가 기준을 활용하여 자동차 모델별로 비교가 가능하고요, 심지어 자동차 엔진의 힘이나 연비 같은 기능들은 수치로 비교할 수 있습니다. 어떤 자동차가 우월하고 열등한지에 대한 평가가 명확한데 여기에 근거 없이 높은 가격을 설정한다면 소비자들이 바보가 아닌 이상 그 가격을 지불하려고 하지 않겠지요.

그러나 만약 기능적인 경험보다는 감정적 경험이나 상징적 경험을 주로 제공하는 제품이라면, 제품의 사회적 의미나 소비자들이 느끼는 감정의 가치로 가격을 결정합니다. 감정의 가치 또는 상징적 가치는 상당히 추상적이어서 제품의 품질을 판단하고 비교할 만한 객관적인 기준을 설정하기가 어렵습니다. 대표적인 예가 롤렉스 시계입니다. 롤렉스 시계는 전 세계 남성들이 한 번쯤은 가지고 싶어 하는 시계 브랜드인데요. 롤렉스 시계의 역할은 무엇일까요? 시간을 알려 주는 기능을 할까요? 롤렉스 시계를 찬 남성 소비자들이 시간을 확인해야 할 때, 손목의 시계가 아니라 손에 들고 있는 스마트폰을 보는 장면을 상상해 보세요. 시간을 확인하는 데 사용하지 않는 시계를 대체 왜 차는 것일까요?

그렇다면 롤렉스 시계는 시계가 아니라 일종의 액세서리라고 보아야 합니다. 시간을 알려 주는 기능을 수행하는 것이 아니라 상징적 의미를 전달합니다. 이 시계는 매우 비싸기 때문에 아무나 구매할 수가 없습니다. 따라서 이 시계를 차고 있다는 것은 소비자 자신이 상당한 사회적 지위와 부를 가지고 있음을 의미하지요. 이렇게 상징적인 의미를 전달하는 제품의 경우, 그 사회적 의미의 가치에 따라 가격이 설정됩니다.

4,900원과 5,000원의 차이는 1,000원?

가격을 결정하기 위해서는 가격에 대한 소비자들의 심리를 잘 이해해야 합니다. 소비자들은 당연히 저렴한 제품을 선호하겠지요. 그러나 항상 저렴한 제품만을 원하지는 않습니다. 제품별로 뚜렷한 품질 차이가 없는 경우에만 그렇습니다. 소비자가 누릴 수 있는 제품 경험이 동일하다면, 소비자 입장에서는 비용이라는 희생을 덜 치르고자 하기 때문입니다. 상식적으로 똑같아 보이는 제품을 더 비싸게 구입할 이유는 전혀 없습니다. 이왕이면 저렴하게 구매하는 편이 좋겠지요. 너무나 당연한 이치입니다. 따라서 만약 우리 제품과 경쟁자 제품 품질이 유사한 상황이라면, 소비자 선택을 받기 위해 낮은 가격을 제시해야 합니다.

소비자들은 비싼 제품을 선호하기도 합니다. 왜냐하면 비싸면 품질도 좋을 것이라고 생각하기 때문입니다. 과거에 제품을 경험해 보지 않았거나 제품의 품질을 정확하게 알기 어려운 경우, 소비자는 가격을 통해 제품의 품질을 유추하게 됩니다. 이러한 심리적 현상을 '가격-품질 추론'이라고 합니다. 가격이 높으면 품질이 뛰어날 것이라고 생각하는 반면에, 가격이 낮으면 품질이 좋지 않을 것이라고 추측하는 현상이지요. '비싼 것은 다 이유가 있을 거야.'라고 생각합니다. 경쟁자가 없는 시장에서 최고 품질의 제품을 만들었다고 칩시다. 정말 좋은 의

도로 가격을 매우 낮게 설정합니다. 소비자들이 그 제품을 구매할까요? 그렇지 않습니다. 가격이 너무 낮은 경우, 오히려 '제품의 품질에 무슨 문제가 있기 때문일 거야.'라고 생각한다는 것이지요. 대체적으로 품질 예측이 어려운 감정적 경험을 제공하는 제품·서비스나 상징적인 의미를 전달하는 제품·서비스의 경우에 이런 심리적 현상이 더욱 강하게 나타납니다.

소비자들은 마음속에 '허용 가능한 가격의 범위'를 가지고 있습니다. '편의점에서 파는 아이스크림 가격은 500~2,000원 정도면 적당하지.' 또는 '도서의 경우 1만 원에서 2만 원 정도면 적당하지.'가 그러한 예입니다. 만약 편의점에서 새로운 아이스크림콘이 하나에 5,000원에 판매된다면, 소비자들이 어떤 반응을 보일까요? '가격이 높으니까 품질도 좋을 것이고, 그러니 한번 먹어 봐야겠다.'라고 생각할까요? 그렇지 않습니다. 소비자들이 마음속에 설정한 허용 가능한 가격의 범위를 지나치게 뛰어넘는 경우, 받아들여지지 않습니다. '아무리 그래도 그렇지, 편의점 아이스크림콘이 어떻게 5,000원이나 해?'라고 생각하게 됩니다.

그렇다면 정말 저렴한 아이스콘을 출시해서 100원에 판매한다고 해 봅시다. 이 경우, 소비자들이 '우와~ 정말 싸다. 많이 사 먹어야겠다.'라고 생각할까요? 전혀 그렇지 않습니다. '아이스크림콘이 100원이라고? 이상한데? 어떻게 만들었길래 100원밖에 안 하지?'라고 생각합니다. 제품의 품질을 의심하게 되지요.

2011년 4월, 농심에서 신라면 블랙 라면을 출시합니다. 사골 국물을 넣어 영양을 강화한 제품이었습니다. 이 라면의 가격은 1,600원이었지요. 기존 라면의 가격이 600~800원이었던 것을 감안하면 두 배나 비싼 라면이었습니다. 소비자들 반응이 어땠을까요? '비싸니까 그만큼 품질도 좋겠지.'라고 생각했을까요? 그렇지 않았습니다. '사골 국물이 들어가도 그렇지, 아니 무슨 라면이 1,600원이나 해?'라고 생각했습니다. 비싼 라면에 대한 호기심 때문에 한 번은 구매를 했지만, 호기심이 해소된 이후로는 다시 구매하지 않습니다. 라면은 서민들의 애호 식품이기도 한데, 두 배나 비싼 라면이라고 하니 국민 정서와도 맞지 않았습니다. '라면의 가격은 500~1,000원 정도면 적당하다.'라는 라

● 가격 설정에 실패한 신라면 블랙

면 가격에 대한 허용 범위를 지나치게 벗어나 실패했다고 볼 수 있습니다.

아무리 좋은 제품이라 하더라도, 소비자들이 설정한 가격의 범위를 지나치게 뛰어넘어서 너무 저렴하거나 너무 비싼 경우, 소비자들에게 받아들여지지 않고, 결국엔 잘 팔리지 않게 됩니다.

4,900원짜리 커피와 5,000원짜리 커피가 있다고 합시다. 이 두 커피의 가격 차이는 100원입니다. 그런데 소비자들도 100원 차이라고 인식할까요? 그렇지 않습니다. 소비자들은 4,900원짜리 커피를 4,000원대의 커피라고 인식하고, 5,000원짜리 커피를 5,000원대의 커피라고 인식합니다. 그 결과, 이 두 커피의 가격 차이를 1,000원이라고 인식하게 됩니다. 소비자들은 가격을 읽을 때, 첫 자리 숫자에 의존하게 되는데요. 처음 숫자가 무엇이냐에 따라 전체 가격의 인상이 형성되지요. 이런 현상을 '초두 효과(primacy effect)'라고 합니다.

당연히 소비자들은 가격의 첫 번째 숫자가 낮은 편을 선호하겠지요? 그래서 마케팅 관리자는 5,000원짜리 커피 대신에 앞자리를 4로 낮추는 대신, 최대한 수익을 만들어 내기 위해 다음 자릿수에는 제일 큰 숫자인 9를 사용합니다. 그래서 4,900원의 가격이 설정되지요. 100원 차이이지만 실제 1,000원의 인식 차이를 만들어 낼 수 있습니다. 최근에는 소비자들도 이러한 가격 조건이 소비자에게 불리한 인식 차이를 만들어 낼 수 있다고 학습하여 의식하고 있기는 하지만, 그래도 여전히 인식 차가 없다고는 보기 어렵습니다.

가격 전략은 엄청 다양해! 🛒

통신사 할인이나 카드 할인을 받고 영화표를 구입하면 영화 한 편을 1만 원 미만으로 즐길 수 있습니다. 그런데 영화를 관람할 때는 팝콘과 함께해야 제 맛이잖아요? 그런데 팝콘 가격이 '후덜덜'합니다. 영화표보다 비싸기도 하거든요. 배보다 배꼽이 더 큰 셈이지만 기꺼이 구매하게 됩니다. 그런데 영화관에서 판매하는 팝콘과 음료수는 왜 이렇게 비싼 걸까요?

소비자들이 많이 찾는 핵심 제품의 가격은 낮게 설정하여 소비자들의 방문률을 높이는 대신, 핵심 제품과 연결되어 있는 종속 제품의 가격을 높게 설정하여 이윤을 확보하는 방식의 가격 전략을 '결합 제품 가격 전략'이라고 합니다. 영화관의 경우 핵심 제품인 영화표는 저렴하게 판매하고, 영화에 종속적인 제품인 팝콘은 높은 가격을 책정하여, 영화표 판매를 통해 수익을 남기지 않는 대신 팝콘에서 수익을 남기는 전략입니다.

요즘 가정에서 많이 사용하는 에스프레소 커피 머신 알지요? 커피 머신 자체는 생각보다 가격이 높지 않습니다. 그 이유는 커피 머신을 파는 것이 목적이 아니기 때문입니다. 하루에도 몇 개씩 쓰고 버리는 커피 캡슐을 많이 파는 것이 목적입니다. 따라서 커피 머신은 낮은 가격으로, 커피 캡슐은 다소 높은 가격으로 설정해 커피 캡슐 판매를 통

● 커피 머신은 낮은 가격으로, 커피 캡슐은 높은 가격으로!

해 수익을 남기게 됩니다. 그런데 이러한 결합 제품 가격 전략을 아무 때나 쓸 수는 없습니다. 팝콘이나 커피 캡슐처럼 종속 제품에 대한 판매가 독점적일 때 가능합니다. 네스프레소 커피 머신을 구입하였다면, 네스프레소 커피 캡슐만 사용할 수 있습니다. 스타벅스 커피 캡슐은 사용이 불가능합니다. 호환이 되지 않게 만들기 때문이지요.

동일한 제품이나 서비스임에도 불구하고 소비자의 유형에 따라 가격을 다르게 설정하는 전략을 '고객 집단에 따른 가격 다변화'라고 합니다. 고객의 나이나 수에 따라 가격을 다르게 설정하는 방식인데요. 예를 들어 놀이 공원에 가면 나이에 따라 다른 가격이 책정되어 있습니다. 36개월~만 12세 소인인 경우 4만 3000원, 만 13~18세의 청소년인 경우 4만 6000원, 성인인 경우 5만 4000원, 만 65세 이상인 경우

4만 3000원, 이런 식입니다. 왜 이렇게 나이대별로 다른 가격을 설정한 것일까요? 나이에 따라서 놀이 시설을 경험할 수 있는 양과 질이 다르기 때문입니다. 예를 들어 유치원생들이 탈 수 있는 놀이 기구는 많지 않습니다. 반면에 성인인 경우 모든 놀이 기구를 경험할 수 있습니다. 따라서 나이에 맞추어 즐길 수 있는 놀이 기구의 양과 질을 계산하여 합리적인 가격을 설정합니다.

고객이 어떠한 위치에서 제품이나 서비스를 경험하는가에 따라서도 가격을 다르게 설정할 수 있습니다. 예를 들어, 야구 경기나 예술 공

● 관람 위치에 따라 가격 다변화 전략을 취하는 야구 경기장

연, 콘서트를 가면 S석, A석, B석으로 나뉘어 있고 각 좌석 위치에 따라 가격이 다릅니다. 그 이유는 좌석 위치에 따라 고객이 경험하는 서비스 양이나 질이 달라지기 때문입니다. 공연이 잘 보이는 무대와 가까운 좌석이 가장 비싸고, 무대와 멀리 떨어진 좌석은 저렴합니다. 호텔의 경우도 유사합니다. 바다나 산이 보이는 위치의 방은 가격이 높고, 바다나 산이 보이지 않는 위치의 방은 가격이 낮게 설정됩니다. 이렇게 고객이 서비스를 제공받는 위치에 따라 경험의 차이가 발생하는 경우 '위치에 따른 가격 다변화 전략'을 설정합니다.

소비자가 제품을 실제 사용하는 시기에 구매하지 않고 미리 앞당겨서 구매를 하는 경우, 그에 대한 보상으로 가격을 할인해 주는 전략이 있습니다. 이런 경우 '얼리 버드(early bird)' 할인 가격이라고 말하는데요. 말 그대로 먼저 준비한 새에게 할인을 해 주는 가격 전략입니다. 예를 들어, 호텔 같은 경우도 일주일 전보다는 3개월 전에 미리 예약을 하는 경우 할인 혜택을 제공해 줍니다. 언제 예약 또는 구매를 하는가에 따라 가격을 낮게 또는 높게 설정할 수 있습니다. 이러한 가격 전략은 우리 제품이나 서비스를 사용하게 될 고객 수를 미리 확보하려는 목적이 있습니다.

언제 구매를 하는가에 따라 가격을 설정하기도 하지만, 제품이나 서비스를 언제 이용하는가에 따라 가격을 설정할 수도 있습니다. 예를 들어, 항공권이나 여행 패키지 상품의 경우, 휴가 기간과 맞물려 사람들이 많이 몰리는 특정 기간을 성수기, 사람들이 많이 몰리지 않는 기간을 비수기라고 정한 후, 성수기에는 높은 가격을, 비수기에는 낮은 가격을 설정합니다. 성수기에는 높은 가격으로 최고의 수익을 창출하고, 비수기에는 많은 고객을 유치하기 위해 낮은 가격을 제시하지요.

하루에도 시간을 나누어 사람들이 많이 방문하는 시간에는 높은 가격을, 사람들이 적게 방문하는 시간에는 낮은 가격을 설정하여 더 많은 고객을 유치할 수 있습니다. 많은 레스토랑들이 런치 스페셜이라고 해서 낮 시간에 방문하면 저녁 시간보다 낮은 가격으로 식사를 제공하지요. 이렇게 고객이 서비스를 구매하는 시점(미리 구매 vs. 현장 구매) 또는 서비스를 제공받는 시점(성수기 vs. 비수기)에 따라 가격을 달리 설정하는 전략을 '시간에 따른 가격 다변화 전략'이라고 합니다.

소비자가 비용을 지불하는 시점을 기준으로, 서비스를 받기 전에 지불하도록 유도하는 '선지불 전략(프리페이 전략)'과 서비스를 받은 후 지불하도록 유도하는 '후지불 전략(포스트페이 전략)'이 있습니다. 일반적으로는 서비스를 받은 후 그에 대한 대가로 비용을 지불하는데요. 특정한 마케팅 목적에 따라서 소비

5~9월 단독 얼리버드 특가!!
제주 롯데호텔
선착순 호수전망 또는 패밀리트윈 업그레이드
2박 시 해온 패밀리세트 제공 (하단 상세 참조)

● 일찍 구매하는 소비자에게
낮은 가격을 제시하는 전략

자에게 제품 사용 전 또는 서비스를 경험하기 전에 미리 지불하도록 유도할 수 있습니다.

가끔 어떤 식당에 가면 주문하자마자 돈부터 내라고 하잖아요? '뭐야, 왜 돈부터 내라고 하는 거지?'라는 생각이 들면서 좀 불편하게 느껴질 수도 있습니다. 보통 사람들이 많이 드나드는 식당인 경우에 이렇게 미리 계산하도록 요구하는데요. 그 이유는 지불을 하지 않고 붐비는 틈에 식당을 몰래 빠져나가는 몰지각한 소비자가 있기 때문입니다. 셀프 주유소의 경우도, 넣을 기름 양만큼 미리 카드나 현금 계산을 하도록 유도합니다.

이렇게 범죄 행위를 막기 위해 선지불 전략을 활용하는 경우는 사실 '전략'이라고 말할 수 없을 정도로 단순한 방침이고요. 마케팅 전략으로서 의미가 있는 경우는 따로 있습니다. 놀이공원에서 연간 회원권을 판매하잖아요? 왜 이렇게 1년 치를 미리 구매하도록 할까요? 1년 동안

● 선지불 전략을 이용하는 롯데월드의 연간 이용권

소비자들을 우리 놀이공원에 잡아 두기 위해서입니다. 미리 비용을 지불하면 다른 경쟁 놀이공원으로 놀러 가지 못할 테니까요. 선지불 전략은 특정 기간 동안 소비자들을 우리 제품이나 서비스에 고정시키기 위한 목적으로 사용됩니다.

이와는 반대의 경우도 있습니다. 세종문화회관에서 뮤지컬 공연을 관람한다고 하면, 미리 티켓을 구매하고 비용을 지불하잖아요? 이렇게 미리 지불하는 방식은 공연계에서는 너무나 당연합니다. 그러나 기존에 하던 대로 공연을 보기 전에 비용을 지불하도록 유도하는 방식이 아닌, 공연을 보고 난 다음에 지불하게 하는 방식도 있습니다. 스페인 바르셀로나에 있는 티트레뉴라는 코미디 극장의 가격 전략이 그 예인데요. 최근 모바일과 인터넷 같은 전자 매체를 통해 영상을 접하게 되면서, 상대적으로 뮤지컬과 같은 공연 예술을 직접 관람하는 사람들 수가 점점 줄어들었습니다. 게다가 스페인 정부에서 문화·예술 공연장에 부과하던 세금의 비율을 8%에서 21%로 올려, 결국 공연 티켓 값이 훨씬 비싸집니다. 그래서 공연 업계의 고민이 상당히 컸죠. 고민 끝에 티트레뉴 극장은 모든 좌석 앞쪽에 안면 인식 기능이 탑재된 아이패드를 설치하고, 관객이 웃을 때마다 사진으로 캡처하도록 했습니다. 그리고 그 웃음의 횟수를 표시해 주었지요. 관객은 공연을 보면서 자신이 웃은 횟수에 따라 비용을 지불합니다. 많이 웃으면 웃을수록 그만큼 공연을 즐겼다는 뜻이니, 즐긴 것만큼 비용을 지불하면 됩니다. 그 결과 관객이 평균 35% 증가했고, 공연당 수익이 4,400유로에서

PAY PER LAUGH

The first comedy theater
where you only pay
for what you consume.

Seat 42
Laughs: 50

You should pay
15€
0.3€/Laugh

You pay
15€

24/50

● 관람 시 웃은 횟수만큼 비용을 지불하는 코미디 극장

7,700유로로 증가했다고 합니다. 이렇게 지불 시간을 다변화한 가격 전략으로 소비자들의 긍정적인 반응을 이끌어 낼 수 있습니다.

　마트에서 요거트 4개 묶음을 구입하면 얼마, 8개 묶음을 구입하면 얼마, 이런 식으로 여러 개 제품을 한꺼번에 구입했을 때 할인 혜택이 제공되는 경우가 있습니다. 이렇게 구매하도록 유도하는 전략을 묶음 판매 또는 '번들링(bundling)'이라고 하는데요. 마케팅 관리자가 소비자의 취향을 반영하여 여러 개 제품을 묶어 포장하여 판매하는 방식입니다.

최근에는 소비자가 원하는 다양한 제품을 직접 선택할 수 있도록 '골라 담기' 형태로 판매하는 경우가 더 많아지고 있습니다. 여러 종류 과일이 첨가된 다양한 요거트들 중에 열 개를 골라 담으면 굉장히 저렴하게 구매할 수 있습니다. 과자나 아이스크림, 음료도 마찬가지입니다. '골라 담기'는 영어로 '셀프 번들링(self-bundling)'이라고 합니다.

그렇다면, 번들링과 셀프 번들링 방식 중에 어떤 방식을 소비자들이 선호할까요? 당연히 자신이 원하는 것을 골라 담는 셀프 번들링 방식이겠지요. 셀프 번들링 판매 방식을 통해 매출을 증진시킬 수 있습니다.

자, 이러한 구매 방식이 가격 전략과 어떻게 연결되어 있을까요? 소비자들은 미리 계획하지 않은 상태에서 여러 개 제품들을 구입하게 되잖아요? 아무 이유 없이 갑자기 많은 제품을 구입하지는 않을 겁니다. 그러니 마케팅 관리자 입장에서는 여러 개 제품을 구입하도록 유도하기 위해 이에 대한 경제적 혜택, 즉 할인 혜택을 제공하게 됩니다. 이러한 가격 전략을 '묶음 가격'이라고 합니다.

더 나아가서 구매하는 제품 개수가 많아질수록 할인 혜택을 더 많이 제공해서, 더 많이 구매하도록 유도할 수도 있습니다. 5만 원 이상 구매 시 25%, 10만 원 이상 구매 시 30% 할인 조건을 내세우면 소비자들은 더 많은 할인 혜택을 받기 위해 더 많이 구매하게 됩니다. 또는 과자를 다섯 개 골라 담으면 2,900원이지만, 열 개를 골라 담으면 4,900원에 구매할 수 있는 가격 조건을 제시하여 더 많은 구매를 유도합니다.

● 이마트의 과자 골라 담기 행사　　　　　● 구매량에 따른 할인 혜택 증가

　　골라 담기는 꼭 '골라 담기'라는 이름으로 진행될 필요는 없습니다. '1+1'이나 '2+1'의 경우도 적용됩니다. 냉장 커피를 두 개 선택하면 한 개를 무료로 증정하는 2+1 행사의 경우, 라테만 세 개 선택하는 것이 아니라 캐러멜 마키아토 또는 아메리카노를 섞어서 구매할 수 있습니다. 여기서 중요한 것은 무엇보다 가격 전략입니다. 제품 구매량에 따라 더 많은 할인을 제공해야 더 많이 판매할 수 있습니다.

메뉴판에 💰 숨겨진 비밀?

두 명의 고객이 버거를 주문하기 위해 맘스터치 매장에 들어옵니다. 한 사람은 단품 버거, 다른 한 사람은 버거 세트를 주문합니다. 또는 두 사람 모두 단품 버거만을 주문합니다. 이 상황, 괜찮은 걸까요?

절대 괜찮지 않습니다. 마케팅에 문제가 있는 상황입니다. 만약 여러분이 맘스터치 마케팅 관리자라면 단품 버거를 많이 팔아야 할까요, 아니면 세트를 더 많이 팔아야 할까요? 당연히 세트를 많이 팔아야 매출을 증진시킬 수 있습니다. 앞 상황에서 두 사람 모두 세트를 주문해야 하는데, 둘 중 한 사람 또는 둘 다 세트를 주문하지 않습니다. 그 이유는 두 고객이 감자튀김을 좋아하지 않거나 음료수가 필요하지 않아서가 아닙니다. 매장 안 마케팅 전략이 잘못되었기 때문입니다. 그렇다면, 두 사람 모두 버거 세트를 주문하게 만들기 위해서는 어떻게 해야 할까요?

답은 메뉴판에 있습니다. 더 정확하게는 가격 전략에 있지요. 다음 두 메뉴판의 차이를 한번 분석해 볼까요.

어떤 차이를 발견할 수 있나요? 설마 "버거 가격이 달라요!" 하려는 건 아니겠지요? 잘 보시면 두 메뉴판 모두에 단품 버거와 세트를 주문할 수 있는 옵션이 제시되어 있습니다. 앞서 배웠듯이 '세트'는 마케팅 전문 용어로는 '번들' 상품입니다. 버거+음료+감자튀김, 이렇게 세 가지 상품을 묶어서 동시에 구매하는 경우 할인 조건을 제시하는 것이지요. 그런데 단품 버거와 세트 가격을 제시하는 순서가 좀 달라 보입니다. 맘스터치 메뉴판에는 단품 가격이 먼저 제시되어 있고, 그 뒤에 세트 가격이 제시되어 있습니다. 맥도날드 메뉴판에는 반대로 세트 가격이 먼저 제시되어 있고 단품 가격이 밑에 제시되어 있습니다. 자, 그렇다면 맘스터치에서 세트가 많이 팔릴까요, 아니면 맥도날드에서 세트가 많이 팔릴까요? 분명 맥도날드에서 세트가 많이 팔릴 겁니다. 소비자들은 먼저 보게 되는 제품과 가격에 더 주목하고, 그다음으로 보게 되는 제품과 가격에는 덜 주목합니다. 특히 주문 시간에 쫓기는 경우, 많은 정보를 고려하지 못하고 초기에 입력된 정보만을 주로 고려하게 됩니다.

순서도 중요하지만, 가격 차이도 매우 중요합니다. 세트와 단품의 가격 차이가 적으면 적을수록 소비자가 세트를 선택할 확률이 높아집니다. 햄버거만 먹기는 힘들기 때문에 음료수도 함께 주문하게 되는데요, 계산을 해 보면 단품 버거와 음료수를 각각 주문하는 것보다는 몇백 원 더 내고 감자튀김까지 먹는 편이 낫다는 생각이 들지요. 그런데 맘스터치의 메뉴판을 보면 불행히도 세트를 주문하기가 어렵다는 생각이 듭니다. 단품과 세트의 가격 차이가 상당히 크기 때문입니다.

예를 들어 싸이버거를 한번 볼까요? 싸이버거 단품을 주문할 때는 3,200원이지만 세트를 주문하면 무려 5,400원을 내야 합니다. 이 두 가격의 절대적 차이가 2,200원이기도 하고, 세트 가격이 단품 대비 거

핫플러스통살/가슴살버거
단품 ₩4,000 세트 ₩6,200

케이준망고통살/가슴살버거
단품 ₩3,700 세트 ₩5,900

할라피뇨통살/가슴살버거
단품 ₩3,700 세트 ₩5,900

햄치즈휠렛버거
단품 ₩3,700 세트 ₩5,900

휠렛버거
단품 ₩3,400 세트 ₩5,600

싸이버거
단품 ₩3,200 세트 ₩5,400

불고기버거
단품 ₩2,800 세트 ₩5,000

스파이시불고기버거
단품 ₩3,000 세트 ₩5,200

디럭스불고기버거
단품 ₩3,800 세트 ₩6,000

스파이시디럭스불고기버거
단품 ₩4,000 세트 ₩6,200

통새우버거
단품 ₩2,700 세트 ₩4,900

주니어치즈버거
단품 ₩2,800 세트 ₩5,000

주니어버거
단품 ₩2,500 세트 ₩4,700

5 빅맥
BigMac.
6100 원
4700 원
880~1047 kcal
512 kcal

6 1955 버거
1955 Burger.
7300 원
5700 원
873~1040 kcal
504 kcal

7 더블 1955 버거
Double 1955 Burger.
8600 원
6900 원
1089~1256 kcal
721 kcal

8 쿼터파운더 치즈
Quarter Pounder, with Cheese
6900 원
5200 원
864~1031 kcal
495 kcal

11 맥스파이시 상하이 버거
McSpicy, Shanghai Burger
6100 원
4700 원
823~990 kcal
454 kcal

12 디럭스 슈림프 버거
Deluxe Shrimp Burger
6100 원
4300 원
814~982 kcal
446 kcal

13 더블 디럭스 슈림프 버거
Double Deluxe Shrimp Burger
7600 원
5800 원
984~1152 kcal
616 kcal

14 불고기 버거
Bulgogi Burger
5100 원
2300 원
765~932 kcal
397 kcal

● 맘스터치(위)와 맥도날드(아래) 메뉴판 비교

의 두 배라는 생각도 듭니다. 단품은 지나치게 저렴하고 세트는 지나치게 비싸다고 느끼게 하는 가격 구조를 가지고 있습니다. 이와 반대로 단품은 비싸다는 인상을 주고, 세트는 저렴하다는 인상을 주는 가격 구조를 만들어야 소비자들이 세트를 더 많이 구매하게 됩니다.

아마도 맘스터치 마케팅 관리자는 버거, 음료수, 감자튀김의 원가를 바탕으로 단품과 세트 가격을 설정했을 확률이 높습니다. 그러나 앞서 강조하였듯이 가격은 그렇게 단순히 원가를 바탕으로 설정하는 것이 아닙니다. 어느 쪽 메뉴를 더 팔아야 하는지, 또는 더 많이 구매하도록 유도할 방법은 없는지도 고려해야 합니다. 그게 바로 '전략'이지요. 곧 이곧대로 한다면 그게 전략이겠습니까?

구체적으로 맘스터치에서 판매하는 음료수와 감자튀김의 가격을 살펴보았더니, 음료수의 개별 가격은 1,400원이고 감자튀김은 1,700원입니다. 음료수와 감자튀김 가격을 합하였을 때 가격이 3,100원인 것을 감안한다면, 아마도 버거와 함께 이 둘을 구입하였을 때 800원 정도의 할인 혜택을 제공하여 2,200원의 가격 차이를 설정한 듯합니다. 문제는 소비자들이 제가 방금 계산한 것처럼 음료수와 감자튀김 가격을 더해서 얼마만큼 할인이 되는지를 계산하지 않는다는 겁니다. 뭔가 구매할 때마다 그런 방식으로 열심히 계산해야 한다면 아마 우리 삶은 매우 고단할 겁니다. 소비자들은 효율적으로 의사를 결정하기를 원하기 때문에 그렇게 복잡한 계산 방식으로 메뉴판을 보지 않습니다. 막연히 음료수와 감자튀김을 함께 구매했을 때 2,200원의 차이가 크게 느껴지지요. 따라서 단품 버거를 선택하게 됩니다.

　반면에 맥도날드 세트와 단품의 가격 차이는 훨씬 적습니다. 맥도날드의 대표 버거인 빅맥의 가격을 살펴볼까요? 빅맥 세트는 6,100원이고 단품 버거는 4,600원입니다. 세트와 단품 버거의 차이는 1,500원입니다. 1,500원만 더 내면 음료와 감자튀김을 먹을 수 있습니다. 게다가 세트는 6,000원을 살짝 넘겨 6,100원이고 단품 버거는 4,500원을 넘겨 4,600원입니다. 즉, 세트는 저렴하게 보이게 하고, 단품 버거는 다소 비싸 보이게 하는 가격 구조를 설정했습니다. 자, 이 정도 되면 굳이 단품 버거를 선택하기보다는 세트를 선택하게 되지 않을까요?

　자, 그러면 어떻게 가격을 조정해야 할까요? 저는 마케팅이라는 학문을 연구하는 학자로서 오랫동안 시행착오를 거치면서 성공을 거둔 맥도날드의 가격 전략에 감탄하게 됩니다. (물론 맥도날드 햄버거에 대해서는 최근 여러 가지 불미스러운 일이 있지만 그 문제는 여기서 다루지 않기로 하겠습니다.) 가장 많이 판매하고자 하는 메뉴인 세트를 먼저 제시하고 나서 그다음으로 판매하고자 하는 메뉴인 단품 버거를 제시하는 것이 좋겠지요. 가격의 차이는 최대한 좁혀야 합니다. 먼저 제시된 세트 가격과 단품 가격의 차이를 좁히기 위해서는 세트 가격은 최대한 낮은 가격으로, 단품 가격은 최대한 높은 가격으로 제시해야 합니다. 세트 가격은 6,000원대 초반으로, 단품 버거는 4,000원대 후반으로 설정하면 이 두 메뉴의 차이가 더욱 좁혀지면서 세트 가격은 다소 저렴해 보이고 단품 버거는 다소 비싸 보이는 효과를 만들어 낼 수 있습니다. 머릿속에서 개별 제품 가격이나 원가에 대한 생각은 지워 버려야 이러한 전략적 사고가 가능해집니다.

여럿이 와서 굳이 음료수를 개개인으로 시킬 이유가 없는 소비자들을 위해서는 어떻게 할까요? 당연히 이런 경우는 3인용 또는 4인용 친구 패키지 또는 가족 패키지를 따로 만들어야 합니다. 예를 들어 네 개의 버거와 두 개의 대용량 음료, 두세 개의 감자튀김을 적절하게 섞어 묶음으로 판매하는 방식이지요. 여기에 네 명이 버거를 먹으면서 밥값 내기로 즐길 수 있는 간단한 일회용 사다리 게임이 그려져 있는 용지도 제공하면 친구 또는 가족 패키지를 선택하지 않을까요?

📈 눈속임이 아니야, 마케팅이야!

최근 한국에 매장을 개설한 미국 뉴욕의 쉐이크쉑 버거, 일명 '쉑쉑버거'를 아시나요? 좋은 식재료만을 엄선하여 만든 버거로 인기입니다. 버거를 좋아하는 저는 계속 버거 사례를 다루고 있자니 입에 침이 고입니다.

만약, 여러분이 쉐이크쉑 버거의 마케팅 관리자라면 메뉴판에 어떤 방식으로 가격을 표기하겠습니까? 다음 세 가지 방법을 생각해 볼 수 있습니다.

쉑 버거　　　6,700원

쉑 버거　　　육천칠백 원

쉑 버거　　　6.7

마지막 가격 표기 방식, 즉 '6.7'로 표기했을 때 주문량을 늘릴 수 있습니다. 소비자들이 가격을 읽고 머릿속에 입력하는 과정에서 여러 종류의 숫자가 등장하거나, 숫자의 자릿수가 많은 경우 혼란스러워 한다고 합니다. 6,700원과 6.7을 접하는 소비자는 6,700원이 6.7보다 더 비싼 것처럼 인식합니다. 6,700원은 네 자릿수로, 6.7은 두 자릿수로 구성되어 있어서지요. 게다가 소비자들이 처리해야 하는 정보량이 6.7보다 6,700원일 때 더 많으니 더 피곤하다고 인식하게 됩니다. 이러한 가격 심리를 활용하여, 최근 많은 레스토랑에서도 이와 같이 표기하는 경우가 늘어나고 있습니다.

만약 쉐이크쉑에서 한국 개점 1주년 기념으로 한 달 동안 버거 할인 행사를 한다고 가정해 봅시다. 원래 쉑 버거의 가격은 6,700원인데 1,000원 할인된 가격인 5,700원으로 판매할 예정입니다. 자, 그렇다면 쉑 버거의 할인된 가격을 어떻게 표시하면 소비자들의 선택을 더 많이 받을 수 있을까요?

너무나 당연하게도 그림의 왼쪽(6,700원 ⇨ 5,700원)입니다. 결과적으로 쉑 버거의 할인된 가격이 5,700원이라는 것을 알려 준다는 사실에는 변화가 없지만, 원래 가격을 알려 주었을 때 소비자들은 명확하게 할인된 가격의 차이를 알 수 있습니다. 이왕 1,000원이나 할인을 한다면, 소비자가 알아서 판단하도록 하기보다 명확하게 1,000원이 할인되었다는 사실을 인식시키는 편이 유리합니다.

소비자 자신이 알아서 판단하도록 두면, 불행히도 소비자는 절대 알아서 판단하지 않습니다. 마케팅 관리자가 전달하고자 하는 메시지가 있다면 능동적으로 전달해야 합니다.

Consumer

Targeting

Merchandiser

Franchiser

3C

Primacy Effect

9 거기만 가면
막 사고
싶어지더라?

리테일링 전략

요즘 청소년들에게 가장 인기 있는 점포는 바로 '편의점'입니다. 학원 가기 전후, 방과 후에 들러서 간단히 저녁을 해결하거나 간식을 사 먹는 매우 편리한 장소입니다. 그렇다면 어떤 점포는 편의점이라 불리고, 어떤 점포는 슈퍼마켓, 또 어떤 점포는 전문점이라 불리는 이유가 무엇일까요? 어떠한 차이가 있기에 점포를 부르는 이름들이 이렇게 다른 것일까요?

광고 보고 왔다가
매장에서 바뀌는 마음

아무리 좋은 제품이라도 허름하고 진열도 엉망인 점포에서 판매가 된다면 어떨까요? 제품의 가치가 떨어지는 것은 물론이고, 점포에서 더 머무르고 싶은 생각이 들지 않을 겁니다. 리테일링(Retailing) 전략은 소비자들이 머무르고 싶어 하는 공간, 자꾸 오고 싶어 하는 공간, 다른 곳이 아닌 꼭 이곳에서 구매하고 싶은 공간을 만드는 접근 방법입니다. 단순하게 '어디서 팔 것이냐'에 한정된 전략이 아닙니다. 어디서 팔 것인가에 대한 답은 대체적으로 정해져 있습니다. 가장 크게는 오프라인에서 팔 것인가, 아님 온라인에서 팔 것인가를 고민해야 하고요. 오프라인에서 팔겠다고 하면, 어떤 지역에서 팔 것인지, 대형 마트, 편의점, 중소형 슈퍼마켓 등으로 점포 형태를 좁혀 가면 됩니다. 이는 승부를 내기 위한 전략이라고 보기 어렵지요.

점포는 소비자들의 구매 의사 결정에 가장 강력하게 영향력을 행사하는 공간입니다. 과거 많은 기업들은 점포 밖에서 대중 광고를 통해 브랜드 선호도를 형성하기 위한 많은 마케팅 활동을 해 왔습니다. 그런데 실제 소비자들이 점포에 들어와서 브랜드에 대한 구매 의사를 바꾸는 경우가 많아집니다.

예를 들어, 냉장고를 사러 하이마트에 방문했다고 합시다. 이 소비자는 LG전자의 디오스 브랜드에 상당한 호의를 가지고 있었습니다. 평소 접했던 여러 정보를 통해 디오스 냉장고를 구입하면 전기료 걱정도 덜하고 많은 식료품을 잘 보관할 수 있을 것이라 생각했습니다. 그런데 하이마트 안에는 LG전자의 디오스 냉장고 옆에 삼성전자의 지펠 냉장고도 함께 진열되어 있습니다. 이왕 왔는데 비교를 안 할 수가 없습니다. 냉장고 가격이 200만 원이나 되는 데다가 냉장고는 한번 사면 적어도 5년에서 10년은 써야 하거든요. 신중히 결정해야 합니다. 그런데 지펠 냉장고를 살펴보았더니, 디자인이나 기능, 가격이 디오스와 크게 달라 보이지 않습니다. 컴퓨터를 켜고, 네이버에게 주문을 겁니다. '네이버야 네이버야, 지펠이 좋니, 디오스가 더 좋니?'라고 말이죠. 하지만 지식인에게 물어봐도 딱히 좋은 답이 나오지 않습니다. 다들 두 제품 모두 좋다고 권합니다. 그렇다면 소비자는 어떤 결정을 하게 될까요?

● 외관이나 기능에
큰 차이가 없어 보이는 디오스 vs. 지펠

결국 점포 내에서 제시하는 구매 조건에 따라 브랜드 선택이 달라집니다. 만약 삼성전자에서 지펠 냉장고를 구입하는 소비자에게 10만 원 상품권을 제공한다고 하면, 그러한 경제적 혜택을 얻기 위해 지펠을 선택하게 됩니다. 즉, 기존에 많은 비용을 들여 했던 대중 광고의 효과는 매장 내에서 사라지기 일쑤입니다.

이처럼 최근 많은 제품들의 품질이 소비자들의 기대 수준을 뛰어넘어, 브랜드 간 품질 차이를 가늠하기 어려운 경우가 많습니다. 일반 식료품도 그러합니다. CJ 햇반도 맛있지만, 오뚜기밥도 맛있습니다. 풀무원 두부도 맛있지만, CJ 두부도 맛있습니다. 소비자 입장에서는 어떤 브랜드를 선택하든 제품의 품질이 보장되기 때문에, 자신이 덜 희생하는 의사 결정을 하게 됩니다. 그게 비용(가격)을 덜 지불하는 형태일 수도 있고요, 무엇인가 추가적인 혜택을 얻는 형태일 수도 있습니다.

그렇다 보니 많은 제조사에서는 서로 자신의 브랜드를 선택하게 하기 위해서 상품 기획도 열심히 하지만, 점포 밖에서 이루어지는 커뮤니케이션 활동보다는 점포 내에서 직접적으로 소비자 구매 의사 결정에 영향을 줄 수 있는 여러 가지 전략들에 대한 고민을 더 많이 하게 되었습니다. 이러한 이유로도 광고의 중요성은 점점 떨어지고 오히려 리테일 전략에 대한 중요성이 더욱 높아지고 있습니다. 과거에는 마케팅 비용을 100%라고 가정했을 때, 광고에 할애하는 비중이 70%, 매장 내 활동에 할애하는 비중이 30% 정도였다면 현재는 완벽하게 역전 현상이 나타납니다. 마케팅 비용을 어디에 우선적으로 쓰는지 본다면, 매장 내 활동이 기업에 얼마나 중요한지 이해가 가지요?

🛒 점포 유형이 이렇게나 많아!

소비자들이 머무르고 싶어 하는 공간, 방문하고 싶어 하는 공간을 기획하기 전에 어떤 유형의 점포를 선택하여 우리 제품과 서비스를 판매할 수 있을지 기본적인 유통 구조를 살펴보기로 해요.

먼저 어떠한 형태의 점포를 운영할 것인가 고민해야 합니다. 점포를 직접 운영하여 제품을 직접 판매할 수 있는 역량이나 자원이 있는지 따져 보아야 합니다. 제조사가 직접 점포를 운영하는 방식을 '기업형 체인' 또는 '직영 점포'라고 합니다. 많은 자원이 필요하기 때문에, 일반적으로 대기업 제조사가 직영 점포를 운영하는 경우가 많습니다. 최근 삼성전자나 LG전자가 제품만 만드는 것이 아니라 제품을 판매하는 유통사 역할까지 시작했습니다. '디지털 프라자'나 '베스트 샵' 같은 직영 점포들이 바로 삼성전자 또는 LG전자가 직접 운영하는 판매 공간입니다. 미국의 갭, 아베크롬비, 홀리스터와 같은 의류 제조사들은 의류를 디자인하고 생산할 뿐만 아니라 직접 점포를 운영합니다.

이렇게 제조사가 직접 점포를 운영하는 경우, 소비자는 구입한 매장이 아니더라도 다른 매장에서 교환과 환불을 받을 수 있습니다. 한 기업이 운영하는 점포이니까요. 제조사 입장에서도 어떠한 매장에서든 동일한 브랜드 경험을 하도록 유도할 수 있습니다. 그러나 제조사가 이렇게 섣불리 점포를 직접 운영하지 못하는 이유는, 자원이 부족하기 때문입니다. 점포 개설 및 운영 비용도 중요하지만, 제조사이기 때문에 제품을 판매하는 역량이나 전문성도 부족할 수 있기 때문입니다. 대부분의 중소 제조사의 경우는 직접 매장을 운영하기보다는 매장 운영 및 판매에 전문성을 가진 다른 기업에 대신 팔아 달라고 맡기게 됩니다.

이렇게 만약 점포를 직접 운영하는 비용이나 역량이 부족하여 타인이 운영하는 점포를 통해 제품을 판매하거나 타인에게 점포를 대신 운영하도록 하는 점포 형태를 '독립 소매형 점포'라고 합니다. 우리가 가장 많이 알고 있는 독립 소매형 점포로는 롯데 하이마트나 이마트와 같은 유통 전문 기업이 있습니다. 그 외에 여러 규모의 소형 독립 점포들이 존재합니다. 제조사들과는 무관하게 개인 또는 기업이 독립적으로 점포를 소유하고 운영하기 때문에 경영의 독립성이 보장됩니다. 점포를 운영하고 판매하는 역량을 가지고 있기 때문에 제조사로부터 의

뢰받은 제품들을 잘 팔 수 있습니다.

문제는 소비자 입장에서는 구매한 점포에서만 교환, 환불이 가능하다는 것이죠. 이마트에서 삼성전자 TV를 구입했다면 하이마트 가서 다른 제품으로 교환하거나 환불을 받을 수 없습니다. 제조사 입장에서는 점포마다 브랜드 경험이 다를 수 있어 불안합니다. 이마트에서 경험하게 되는 삼성전자 TV와 하이마트에서 경험하게 되는 삼성전자 TV가 다를 수 있거든요. 이마트에서는 이마트의 방식대로 TV를 진열하고, 하이마트는 하이마트의 방식대로 TV를 진열하겠지요. 그러다 보니 똑같은 TV를 이마트에서 볼 때와 하이마트에서 볼 때 다르게 느껴질 수 있습니다.

직영 점포와 독립 소매형 점포의 중간 형태가 '프랜차이징'입니다. 제조사인 프랜차이저(Franchiser)와 점포 운영자인 프랜차이지(Franchisee)의 계약 관계로 인해 판매가 이루어지는 구조입니다. 우리가 흔히 접하는 프랜차이징 점포의 예는 던킨 도너츠, 파리바게트, 배스킨라빈스, BBQ, 교촌치킨, 올바른 김선생 김밥, KFC, 맥도날드, 버거킹 등입니다. 프랜차이저, 프랜차이지 등의 개념이 어려울 수 있으니, 바로 예를 들어 설명해 보겠습니다. 던킨 도너츠는 SPC그룹에서 운영하는 프랜차이즈 브랜드입니다. 프랜차이저인 던킨 도너츠는 마케팅에 대한 모든 기획과 실행 계획을 설계합니다. 앞서 다루었던 브랜드의 상징, 로고 등을 모두 결정합니다. 누구를 대상으로 팔지, 그들에게 어떤 경험을 제공할지, 매장 환경은 어떻게 구성할지에 대한 모든 전략을 설계합니다. 프랜차이저는 이러한 경영 지식들과 성공 노하우, 점포를 개설하는 데 필요한 집기와 시설을 프랜차이지인 대리점주들에게 전달합니다. 당연히 프랜차이지는 프랜차이저의 경영 지식과 인프라를 전달받는 대가로 비용을 지불하게 됩니다. 또한 점포 임대료, 관리비 등을 부담해야 합니다. 사업 경험이 없거나 경영에 대한 지식이 부족한 경우, 또는 실패에 대한 위험 부담을 줄이고 싶은 사업자들이 프랜차이지, 즉 대리점주가 되기를 원합니다. 이러한 계약 관계를 통해 프랜차이저는 경영 및 마케팅 전략과 상품을 개발하는 데 집중할 수 있고, 프랜차이지는 판매에 집중할 수 있습니다.

단, 중요한 점은 개별 프랜차이지는 자기 마음대로 마케팅 전략을 바꿀 수 없다는 겁니다. 특정 점포에서 다른 브랜드 경험을 제공하면 브랜드에 대한 혼란을 불러올 수 있기 때문입니다. 예를 들면, 프랜차이지가 프랜차이저의 허락 없이, 도너츠 하나를 구매하면 하나를 무료

● 던킨 도너츠의 프랜차이저인 SPC 본사에서 결정되는 마케팅 전략들

로 제공하는 행사를 진행할 수 없습니다. 하나를 구매하면 하나를 무료로 제공하는 점포는 던킨 도너츠의 브랜드 이미지를 실추시킬 수 있기 때문입니다. 도너츠를 자꾸 무료로 제공하다 보면 소비자들은 던킨 도너츠에서 판매하고 있는 도너츠가 귀하고 가치 있다고 인식하지 않게 됩니다. 프랜차이지들은 프랜차이저의 마케팅 전략을 전수받아 실행만 해야 하며, 절대 독단적으로 마케팅 전략을 설계하여 지역 내에서 다른 방식으로 브랜드를 알리면 안 됩니다. SPC 본사 내 던킨 도너츠 마케팅 전문가만이 마케팅 전략을 결정합니다.

요즘 청소년들에게 가장 인기 있는 점포는 바로 '편의점'입니다. 학원 가기 전후, 방과 후에 들러서 간단히 저녁을 해결하거나 간식을 사먹는 매우 편리한 장소입니다. 그렇다면 어떤 점포는 편의점이라 불리고, 어떤 점포는 슈퍼마켓, 또 어떤 점포는 전문점이라 불리는 이유가 무엇일까요? 어떠한 차이가 있기에 점포를 부르는 이름들이 이렇게 다른 것일까요?

먼저 점포 규모에 따라, 소규모와 대규모 점포로 나눕니다. 그중 소규모 점포를 다시 편의점, 슈퍼마켓, 전문점으로 나누는데요. 점포에서 판매하는 제품의 넓이(제품 유형의 수)와 깊이(제품 유형 내 존재하는 다양한 종류 수)에 따라 구분하게 됩니다. 편의점은 제품의 넓이는 넓지만, 제품의 깊이는 얕습니다. 편의점에서는 다양한 제품 유형들을 구비하는 반면에 각 제품 유형 내 종류는 다양하지 않습니다. 예를 들어, 우유, 샌드위치, 김밥과 같은 다양한 유형의 식료품부터 치약, 칫솔, 화장

지와 같은 생활재까지 다양한 제품 유형들을 판매하고 있지요. 그러나 치약이라는 제품 유형 내 선택할 수 있는 치약의 종류(시린이용, 화이트닝용, 구취 제거용 등)나 브랜드(시린메드, 2080, 페리오, 메디안 등) 수는 많지 않습니다.

반대로 '전문점'은 제품의 넓이는 좁으나 깊이는 매우 깊습니다. 문구점이나 서점이 대표적인 예입니다. 모닝글로리와 같은 문구점은 문구류만을 취급하지만, 정말 다양한 종류의 문구류를 제공합니다. 동네 작은 규모의 서점 또한 책이라는 제품 유형 한 가지만을 취급하지만, 문제집부터 소설책까지 다양한 책들을 구비하고 있습니다. 이니스프리와 같은 화장품 매장도 모두 전문점으로 구분합니다.

슈퍼마켓은 편의점과 전문점 사이에 위치합니다. 어느 정도의 넓이와 깊이를 갖춘 제품들을 구비합니다. 롯데슈퍼가 바로 그러한 예입니다. 아주 많은 제품의 유형이나 종류를 갖추기보다는, 방문하는 지역 소비자들이 필요로 하는 적당한 수준의 제품 유형과 종류를 제공합니다.

이 세 가지 점포 유형의 공통 조건은 '소규모'임을 잊지 말아야 합니다. 점포 크기가 소규모이기 때문에 갖출 수 있는 제품의 크기도 제한적일 수밖에 없습니다. 덩치가 큰 제품을 매장에 진열했다가는 매장이 꽉 차서 다른 제품을 진열할 수가 없겠지요. 아마 슈퍼마켓에서 냉장고 파는 모습은 본 적이 없을 겁니다. 소규모 전문점의 경우도 대체로 작은 크기의 제품들 위주로 판매하는 모습을 볼 수 있습니다.

만약 가전제품 제조사라면 이 세 가지 유형의 점포는 적합한 판매장소로 고려하기 어렵습니다. 그렇다면 대규모 점포 유형을 고민해 봐야겠지요. 점포 크기가 큰 경우, 제품 넓이와 깊이를 기준으로 백화점, 슈퍼스토어, 카테고리킬러로 나눕니다. 백화점은 일종의 대형 편의점이라고 볼 수 있습니다. 의류, 식품, 가구, 가전제품까지 없는 것이 없습니다. 그렇지만 각 제품별 종류는 다양하지 않습니다. 식품이나 가전제품 종류가 이마트나 하이마트보다 적지요.

반대로 카테고리킬러는 대형 전문점입니다. '카테고리'는 '범주'라는 뜻, '킬러'는 '공격자'라는 뜻입니다. 즉, 카테고리킬러는 특정 제품

● 일렉트로마트(왼쪽)나 이케아(오른쪽)처럼 제품의 넓이는 좁지만 깊이는 깊은 카테고리킬러 점포

유형을 공격하는 점포라고 해석할 수 있습니다. 이케아가 대표적인 카테고리킬러입니다. 가구 한 가지 유형을 집중 공격하는 대규모 점포이지요. 점포 크기와 가구 종류가 엄청납니다. 이와 유사하게 이마트의 일렉트로마트는 장난감 전문점인데요, 점포 규모와 제품 종류가 어마어마합니다. 여기 가면 웬만한 장난감들을 모두 구경할 수 있습니다.

이름이 조금 생소할 수 있지만, 슈퍼스토어라는 점포 유형도 있습니다. 대규모 슈퍼마켓으로, 백화점과 카테고리킬러 사이에 위치하고 있다고 보면 됩니다. 엄마들이 식료품이나 생활용품 등을 구매하기 위해

● 제품의 넓이는 넓지만 깊이는 얕은 백화점

가장 많이 찾는 이마트, 홈플러스, 롯데마트가 슈퍼스토어의 예라고 볼 수 있습니다. 2~3층 규모의 매장 크기에 필요로 하는 다양한 제품 종류들을 구비하고 있습니다.

우린 가게가 $
어두울수록 좋아요

십 대 청소년들을 대상으로 소비자 조사를 해 보면, 몇 가지 공통적으로 나타나는 심리가 있습니다. 인터뷰 내용을 살짝 살펴보면 다음과 같습니다.

"엄마의 공부 잔소리, 간섭, 짜증……"

"그냥 가만히 있어도 화가 치밀어 올라요."

"세상이 다 없어져 버렸으면 좋겠어요."

"그냥 혼자 있고 싶어요. 내버려 두었으면 좋겠어요."

"엄마 몰래 숨어서 하는 것들이 많아요."

"내 맘대로 살았으면 좋겠어요."

아마 이 책을 읽고 있는 여러분도 매우 공감할 겁니다. 흔히 질풍노도의 시기라고 일컬을 정도로 청소년들은 반항하고자 하는 심리, 숨고 싶은 심리를 가지고 있습니다. 이러한 십 대 청소년들이 편안하게 쇼핑할 수 있는 공간을 만들어야 한다면, 어떻게 해야 할까요? 밝은 조명의 매장을 만드는 편이 좋을까요, 아니면 어두운 조명의 매장을 만드는 편이 좋을까요?

청소년들이 편안하게 오랫동안 쇼핑을 할 수 있는 매장 환경을 만든 브랜드가 바로 미국의 홀리스터입니다. 다음 사진에서 보는 것처럼 어둡습니다. 어둡다는 말밖에는 달리 이 매장을 설명하기 어렵습니다. 그

● 십 대 청소년을 타깃으로
최대한 어둡게 꾸며진 홀리스터 매장

러나 홀리스터 매장 안에 들어가면 청소년들이 얼마나 즐거워하는지, 얼마나 오래 머물고 싶어 하는지 쉽게 느껴집니다. 저도 고등학생 딸을 따라 몇 번 들어가 보았는데요, 휴…… 너무 어두워서 숨이 탁탁 막히더군요. 심지어 바지 색상이 남색인지 검정색인지 구분하기 어려울 정도였습니다. 탈의실은 또 어떤가요? 옷이 진열되어 있는 곳보다 더 어둡더군요. 이렇게 어두운 환경을 만든 이유는 십 대 청소년들이 어두운 곳, 숨을 수 있는 곳에서 심리적 안정감을 느끼기 때문입니다. 미국의 십 대 청소년들은 이렇게 어두운 매장에서 편안하게 원하는 의류를 고르고 입어 보며, 그러한 시간과 공간의 경험을 즐깁니다.

이렇게 소비자들이 매장에 오래 머무르면 어떤 일이 생기는지 상상이 되나요? 매출이 증가합니다. 오래 머무르면 머무를수록, 더 많은 옷을 선택하고 구매할 확률이 높아집니다. 홀리스터는 미국 청소년의 사랑을 받는 최고 브랜드가 되었지요. 이렇게 매출에 직접적인 영향을 미칠 수 있는 매장 전략을 세우기 위해서는 타깃 소비자를 잘 이해해야 합니다. 타깃 소비자들이 가진 심각한 결핍이나 문제는 단순히 제품이나 서비스만이 아니라 매장 환경을 통해서도 해결해 줄 수 있습니다.

우리나라에도 홀리스터 매장이 오픈했는데요. 국내에서 홀리스터 브랜드를 찾는 소비자 집단은 미국과 달리 이십 대 대학생 또는 직장인이다 보니 밝은 조명을 사용합니다. 이십 대들은 굳이 이렇게 어두운 곳에서 쇼핑하기를 원하지 않기 때문이지요. 처음에 미국처럼 매장 안을 어둡게 했더니 소비자들이 불편하고 옷이 안 보인다고 불만을 토로했거든요. 따라서 국내 상황에 맞게 매장 환경을 변경하게 됩니다. 그러니 분명 이 책에서 홀리스터 매장은 어둡다고 했는데 실제 가 본 매장은 밝다고 해서 제가 거짓말했다고 생각하시면 안 됩니다!

점포 안에 어떤 향기가 나면 좋을까?

스타벅스 매장에 들어가면 가장 먼저 경험하게 되는 것이 있습니다. 바로 커피향인데요. 다른 커피 전문점에 비해 스타벅스 매장에 들어가면 커피를 주문하기 전부터 커피향을 진하게 느낄 수 있습니다. 이는 스타벅스가 의도한 전략입니다. 커피 전문가 바리스타들은 질 좋

● 커피 맛에 악영향을 끼친
스타벅스의 아침 메뉴

은 커피를 선별할 때, 덜컥 커피를 들이켜
지 않습니다. 먼저 코로 커피향부터 맡습
니다. 그 이유는 커피향이 커피 맛을 좌우
하기 때문입니다. 만약 커피에서 그윽한 커피향이 나지 않는다고 생각
해 봅시다. 맛이 어떨까요? 일반적으로 우리가 커피 전문점에서 사 먹
는 커피보다 편의점에서 쉽게 구매할 수 있는 냉장 커피가 맛이 없다고
하는 이유가 바로 여기에 있습니다. 냉장 커피는 향이 나지 않기 때문입
니다. 그만큼 향은 소비자들의 제품 평가에 중요한 영향을 미칩니다.

오래전 스타벅스에서는 아침에 커피를 주문하는 대다수 직장인들
이 간단한 아침식사 거리를 함께 구매하기를 원한다는 사실에 주목했

습니다. 그래서 미국인들이 아침 메뉴로 가장 많이 선택하는 에그 머핀을 판매하기 시작했습니다. 최고의 커피 품질을 자랑하는 스타벅스는 당연히 고품질의 아침 메뉴를 제공하고자 노력했지요. 따끈따끈한 에그 머핀을 제공하기 위해 매장 안에서 직접 조리를 하여 제공했습니다. 그랬더니 오히려 커피 매출이 떨어지기 시작했습니다. 심지어는 스타벅스를 방문하는 대다수 소비자들이 커피 맛이 변했다고 말하기 시작했습니다. 대체 스타벅스에 무슨 일이 생겼던 것일까요? 커피 재료에는 하나도 변한 점이 없었거든요. 오로지 과거와 다른 점은 에그 머핀을 팔기 시작했다는 사실이었습니다.

예전에는 스타벅스 문을 열고 들어가면 바로 그윽하고 부드러운 커피향을 맡을 수 있었는데, 어느 날부터 달걀향이 커피향과 뒤섞여서 형용하기 어려운 이상한 냄새가 나기 시작하더라는 겁니다. 바로 달걀향이 커피 맛을 망친 주범이었습니다. 그래서 결국 스타벅스는 매장 안에서 조리하지 않고, 아침 일찍 다른 곳에서 조리된 에그 머핀을 냉장고에 보관하여 소비자가 원하면 살짝 데워 주는 방식의 조리법을 택하게 됩니다. 이후 다시 스타벅스의 매출은 정상으로 돌아왔지요. 최근 스타벅스 매장에서 판매하고 있는 간식이나 식사 거리 들이 모두 냉장 보관되어 있는 이유가 바로 이 때문입니다. 이처럼 매장 안의 향기는 제품 판매에 영향을 줍니다.

앞서 살펴보았던 홀리스터는 캘리포니아 해변가를 배경으로 해변에서 즐길 수 있는 의류를 콘셉트로 하는 브랜드입니다. 따라서 매장

● 홀리스터 매장 안에서
맡을 수 있는 특유의 향기

도 소비자들이 마치 캘리포니아 해변에 있
는 것처럼 해변의 경치를 담습니다. 홀리

스터 매장에 들어가면 그곳에서만 맡을 수 있는 특유의 향기가 나는데
요. '쏘 캘(So Cal)'이라는 향수 냄새입니다. 'So Cal'은 'So California'
의 약자로 캘리포니아 해변의 향기를 의미합니다. 홀리스터 매장 안에
는 이러한 향기를 분사하는 장치가 곳곳에 배치되어 있습니다. 옷을
제조하는 과정에서도 이러한 향을 넣게 됩니다. 쏘 캘의 향만 맡아도
홀리스터라는 걸 금방 알 수 있습니다.

이러한 방식으로 미국의 대부분 소매 점포에서는 향기로 브랜드의
정체성을 표현합니다. 그러나 아직 우리나라 기업들 또는 마케팅 관리
자들은 향기에 브랜드 정체성을 담아 소비자들이 경험할 수 있도록 유
도하는 전략에서 많이 뒤처져 있습니다. 심지어 '향기가 필요해?'라고
생각하기도 합니다. 실제로 일반 유아 매장과 베이비파우더향이 나는
유아 매장의 매출을 비교했을 때, 베이비파우더향이 나는 유아 매장에
서 월등히 높은 매출이 나타났습니다. 수영복 매장에서는 열대 코코넛
향을 분사합니다. 그러면 소비자 자신도 모르게 휴가를 가고 싶은 생
각이 들고, 수영복을 구매하고 싶은 마음이 듭니다. 이렇듯 향기는 구
매의 필요성을 느끼게 만드는 정보입니다. 그렇다면 속옷 매장에서는
어떤 향기가 효과적일까요? 라일락향이라고 합니다. 라일락향을 매장

내에 분사하면 섹시한 이미지를 원하는 많은 여성들이 그 매장에서 속옷을 구매한다고 합니다. 이렇게 브랜드 정체성을 잘 나타내면서도 구매 욕구를 자극할 수 있는 향에 대한 고민이 필요합니다.

점포 안에는 어떤 음악이 필요할까?

또 하나 고민해야 하는 점포 환경 요소는 바로 '소리'입니다. 점포 안 소리라고 하면 음악을 떠올리게 되지요. 어떤 음악을 들려주면 소비자들이 더 오래, 그리고 즐겁게 쇼핑할 수 있을까요?

음악의 구성 요소가 너무나 많기 때문에, 음악의 어떤 요소 하나를 딱 잡아서 이런 음악이어야 한다고 말하기는 참 어렵습니다. 그중 마케팅에서 많이 고려하는 음악의 속도(템포)에 대해 간단히 살펴보겠습니다. 음악의 속도는 소비자들의 매장 내 걸음 속도에 영향을 줍니다. 빠른 음악과 느린 음악을 들려주었을 때, 어느 쪽이 더 빨리 걷게 될까요? 정답은 빠른 음악입니다. 반대로 느린 음악을 들려주면 느리게 걷게 됩니다. 음악의 속도 또는 걷는 속도가 왜 마케팅 관리자에게 중요할까요? 소비자가 걷는 속도는 점포에 머무는 시간과 관련되어 있기 때문이지요. 걷는 속도가 빠르면, 보지 않고 지나쳐 버리는 제품들이 많아집니다. 게다가 점포 내 머무르는 시간도 짧아지고요. 이렇게 되면 소비자들은 적은 양의 제품을 구매할 가능성이 큽니다.

한편 음악의 속도는 걷는 속도뿐만 아니라 심리 상태에도 영향을 줍니다. 느린 음악이 흐르는 곳에서는 소비자의 심리 상태가 매우 안정적이기 때문에, 제품을 너무 꼼꼼하게 따지게 됩니다. 구매를 다시 한번 고민하고 제품을 진열대 위에 돌려놓기 십상이지요. 반면에 빠른 음악을 들려주면 두뇌가 빠른 음악에 장악되면서 제품에 대해 깊이 있는 생각을 하기 어려워집니다. 실제 빠른 템포의 음악을 들려주는 매장에서 충동 구매율이 훨씬 높다는 연구 결과도 있습니다. 동대문 근처 대형 의류 상가들에 가 보면, 음악 소리가 상당히 크고 빠른 경우가 대부분입니다. 이러한 음악 소리가 두뇌를 마비시키기 때문에, 소비자들은 깊이 있게 충분히 생각해서 옷을 고르기보다는 옷의 첫인상만 보고 구매를 하게 됩니다. 게다가 빠른 음악은 소비자의 두뇌를 흥분 상태로 만들어, 자신을 제어하지 못하고 필요보다 많은 구매를 하게 합니다.

매출을 올리는 데는 빠른 음악이 적합하지만, 지나치게 소비자의 의사 결정 과정을 마비시켜 버리는 음악은 윤리적으로 문제가 있습니다. 우리 점포가 추구하는 이미지에 걸맞은 음악을 선택하는 일도 중요하지만, 소비자에게 어떤 긍정적 또는 부정적 영향을 미칠 것인지 고려하여 음악을 선택해야 합니다. 이렇게 음악 선택이 워낙 까다롭다 보니 점포에서 기대하는 효과를 만들어 낼 수 있는 적합한 음악을 선정해 주는 컨설팅 업체도 최근 생겼습니다.

그런데 최근 점포 내에서 음악을 사용하는 데 문제가 생겼습니다.

● 점포에 필요한 음악을 선별해 주는 컨설팅 업체

점포에서 다른 사람이 작곡한 음악을 트는 경우, 저작권료를 내야 합니다. 가요나 팝송도 트는 만큼 저작권협회에 사용료를 지불해야 합니다. 하루 종일, 일주일 내내, 일 년 내내 음악을 틀다 보면 점포 운영자가 지불해야 하는 저작권료가 상당한 부담이 되겠지요. 그래서 미국의 경우는 저작권이 있는 음악을 틀기보다는 자체적으로 음악을 개발하여 브랜드 이미지에 맞는 점포 경험을 전달하기 위해 노력합니다. 홀리스터 매장에 가면 홀리스터에서 자체적으로 작곡한 음악이 나옵니다. 아마 우리나라에서도 점점 브랜드의 정체성을 담은 음악들이 매장 안에서 울려 퍼지게 되지 않을까요?

진열 잘하면 판매원도 필요 없다? 🛒

진열은 '말 없는 판매원'이라고 할 정도로 매출에 매우 중요한 영향을 줍니다. 판매원이 제품 옆에 서서 제품의 장점을 알려 주는 방식은 마케팅 비용이 많이 들어가는 매우 비효율적인 방식입니다. 진열을 통해서 제품의 장점을 쉽게 알려 줄 수 있다면 판매원은 필요 없습니다.

센소다인 치약 브랜드가 새로운 유형의 치약을 출시한 배경을 살펴볼까요? 치약은 보통 튜브 형태로 짜서 쓰게 되어 있지요. 그런데 이런 치약 때문에 이혼율이 높아진다네요. 농담인 듯하지만 일리가 있습니다. 매우 꼼꼼한 성격의 남편이 있다고 합시다. 남편은 치약을 쓰고 나면, 다음번에 쓰기 편하도록 튜브를 위쪽으로 돌돌 말아 내용물을 입구 쪽에 모아 놓습니다. 그런데 털털한 성격의 아내는 다릅니다. 치약이 모여 있는 입구 쪽을 푹 눌러 사용하고 난 다음 그 상태로 양치컵에 꽂아 놓습니다. 야근을 하고 밤늦게 돌아온 남편이 이를 닦기 위해 치약을 집어 듭니다. 위쪽이 움푹 들어간 튜브를 보고 짜증이 납니다. 치약 쓰고 난 다음에는 치약을 꼭 정리해 놓으면 좋겠다고 아내한테 몇 번이나 부탁했거든요. 남편은 아내를 불러 화를 내기 시작합니다. 그러자 아내도 화를 냅니다. 그게 뭐 그리 큰일이라고 이리 화를 내느냐, 뭐 그러는 당신은 평소에 얼마나 배려했느냐 하면서 서로 언성이 높아집니다. 치약 사용 문제는 매우 사소해 보이지만, 때로는 부부가 더 이

상 같이 살 수 없는 이유가 될 수도 있지요.

이러한 문제를 해결하기 위해 만든 치약이 바로 짜서 쓰지 않아도 되는 원통형 치약입니다. 버튼을 누르면 용기 입구에서 치약이 나옵니다. 치약이 울퉁불퉁해지지 않기 때문에 돌돌 말아서 정리할 필요가 없습니다.

자, 그렇다면 이렇게 소비자들의 삶을 편리하게 해 주는 치약의 기능을 잘 표현해 줄 진열대는 어떤 형태여야 할까요? 두 가지 형태의 진열대가 있습니다. 하나는 가로로 진열을 할 수 있는 형태이고, 다른 하나는 세로로 진열을 할 수 있는 형태입니다. 어떤 형태가 신제품의 장점을 알리는 데 가장 적합할까요?

답은 세로형 진열대입니다. 센소다인의 또 다른 장점은 그 자체로 세워서 보관이 가능하다는 데 있거든요. 세로형 진열대에 꽂혀 있는 센소다인 치약의 모습은 장점을 그대로 보여 주고 있습니다. 반면에 가로형 진열대는 소비자들이 진열대에서 하나씩 빼 가기에 적합한 구조로 되어 있습니다만, 자칫 잘못해서 소비자가 제품을 꺼내다 놓치게 되면 또르르 굴러가게 됩니다. 센소다인 치약의 장점이 아닌 단점을 드러내 버릴 수가 있지요. 따라서 제품의 장점을 최대한 부각시켜 줄 수 있는 진열대를 선택해야 합니다.

● 가로형 진열대가 좋을까, 세로형 진열대가 좋을까?

　다음으로 마트에서 흔히 볼 수 있는 일반 식료품 진열대를 생각해 볼까요? 진열 선반이 다섯 개가 있습니다. 밑에서 네 번째 위치는 눈높이 선반, 세 번째 위치는 허리 높이 선반, 두 번째 위치는 무릎 높이 선반입니다. 아침 식사 대용 시리얼을 진열한다고 가정했을 때, 눈높이 선반, 허리 높이 선반, 무릎 높이 선반 중 어느 위치 선반에 진열했을 때 시리얼이 가장 많이 팔릴까요?

　정답은 눈높이 선반입니다. 보통 우리가 제품을 고른다고 하면 모든 제품을 꼼꼼히 살펴볼 것이라고 생각하지만 실제는 그렇지 않습니다. 내 눈에 가장 잘 띄는 제품들을 먼저 고려하게 됩니다. 굳이 허리를 굽혀 아래를 본다거나, 무릎을 구부리고 앉아서 밑에 진열된 제품들을 살피려 하지 않습니다. 대체로 눈에 들어오는 범위 내에서 제품들을 고려하고 선택하게 됩니다. 따라서 제조사들은 눈높이 선반을 차지하기 위해 많은 노력을 합니다. 여기서 노력이란 유통사에게 잘 보이는 일이겠지요. 결국 좋은 자리를 차지하기 위해 유통사에게 더 많은 비용을 지불하거나 유통사가 요구하는 조건들을 충족시켜야 합니다.

눈높이 선반을 차지하려는 경쟁이 치열하기 때문에 제조사들은 차선책으로 눈높이 선반 바로 위쪽 선반과 아래쪽 선반을 추가로 고려하게 됩니다. 반면 어떠한 제조사도 무릎 높이 선반에는 진열하기를 꺼려할 겁니다. 그렇다면 이 선반은 그냥 비워 두어야 할까요? 그렇지 않습니다. 이곳에는 어린이용 제품들을 진열하면 됩니다. 어른에게 무릎 높이는 아이들에게 눈높이니까요. 그래서 아래쪽 진열대에는 대체로 어린이용 시리얼들이 진열되어 있습니다. 엄마를 따라 마트에 온 아이들은 시리얼을 구경하다가 먹고 싶은 시리얼이 보이면 엄마에게 "이거 사 주세요."라고 말하게 됩니다.

만약 제품을 눈으로 훑어보고 선택할 수 있는 상황이 아니라, 꼭 만지고 조작해 봐야 한다면 어떤 높이의 진열대가 유리할까요? 바로 허리 높이입니다. 제품을 만지기 위해 손이 움직였을 때, 손이 쉽게 닿을 수 있는 위치이지요. 조금만 손을 들면 바로 제품을 만질 수 있습니다. 눈높이 선반에 진열되어 있는 경우에는 손을 더 높이 위로 들어 올려야 하고, 그러기 위해서는 더 많은 힘을 써야 합니다. 번거롭고 불편하지요. 따라서 제품이 눈높이보다 허리 높이에

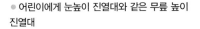
● 어린이에게 눈높이 진열대와 같은 무릎 높이
진열대

진열되어 있을 때, 소비자들이 제품을 만지는 횟수가 더 많아진다고 합니다.

가전제품들은 대체로 눈으로만 봐서는 제품의 품질을 확인하기 어렵기 때문에, 소비자들은 꼭 손으로 만져 보고 작동해 보기를 원합니다. 따라서 소형 가전제품들의 진열대는 대체로 허리 높이로 만들어집니다.

점원 외모가
왜 중요해?

미국에 레인 브라이언트라는 의류 브랜드가 있습니다. 여러분에게는 매우 생소한 브랜드이겠지요. 이 의류 브랜드 광고를 보면 우리가 이제까지 접해 왔던 패션 광고에 등장하는 모델들과는 좀 차이가 있습니다. 적어도 엑스라지(XL) 이상을 입는 큰 체형의 모델들이거든요.

그뿐만이 아닙니다. 실제 레인 브라이언트 매장에 방문하면 대부분 점원들은 상당히 큰 체구를 가지고 있습니다. 패션 브랜드라고 하면 젊고 마른 모델과 점원을 내세울 것이라고 생각하잖아요? 그런데 이곳에서 그런 점원을 활용하면 절대 옷이 많이 팔리지 않습니다.

이 의류 매장은 큰 체구의 여성들을 위한 옷을 판매합니다. S, M, L 사이즈는 없습니다. 기본 XL부터 시작합니다. 만약 XXL 사이즈를 입는 큰 체구의 여성이 이 매장을 방문해서 어떤 옷을 선택할지, 내 체형에 어떤 셔츠가 잘 어울릴지 고민하고 있다면, 이 여성에게 도움이 되는 점원은 깡마른 스몰 사이즈를 입는 여성일까요, 아니면 소비자와 유사한 체형이나 사이즈를 가진 여성일까요?

또 다른 예를 들어 볼게요. 만약 여러분이 립 틴트를 구매하러 이니스프리에 갔는데 40대 남성 점원이 요즘 잘 나간다는 립 틴트를 권한다면, 그런 조언을 받아들일 수 있을까요? 아마 아닐 겁니다. 왜 그럴까요? 나와 너무나 다른 사람이기 때문입니다. 심지어 중년 남성들이

● 타깃 소비자와 비슷한 체형의
모델과 점원을 채용하는 레인 브라이언트

평소에 립 틴트를 바르지는 않
잖아요? '이 점원이 내 문제를
잘 이해하고 있을까?'라는 의구
심이 끊임없이 듭니다.

다시 레인 브라이언트 점원
의 체형 이야기로 돌아가 보면,
당연히 나와 비슷한 나이, 성별,
체형을 가진 점원이 가장 나를
잘 이해해 주고, 나에게 꼭 맞는
조언을 해 줄 수 있을 것이라고
생각합니다. 한 번도 큰 체형을 가져 본 적이 없을 듯한 깡마른 점원이
제안하는 옷에는 별로 신뢰가 가지 않을 겁니다.

이처럼 매장 안에서 소비자들의 선택을 돕는 판매원은 소비자와 가
장 유사해 보여야 합니다. 물론 제품에 따라 비슷해야 하는 요인이 좀
다릅니다. 레인 브라이언트와 같이 체형으로 특화된 의류 브랜드라면
당연히 소비자들이 가진 문제는 의류 사이즈일 테니 이를 가장 잘 이
해해 줄 수 있는 판매원으로 비슷한 나이, 성별, 체형 등을 가진 사람이
적합합니다. 반면에 최신 IT 기기를 다루는 전문 매장이라고 한다면,
일반적으로 소비자들은 자신과 유사한 나이나 성별, 체형을 가진 점원

을 필요로 하지 않습니다. 소비자들이 가진 문제를 가장 잘 해결해 줄 수 있다고 생각되는 IT 기기 전문가를 필요로 합니다. 그렇다면 IT 기기 전문가는 대체로 어떤 나이, 성별, 옷차림 등이 요구될까요?

사람들은 점원이 젊으면 젊을수록 최신 기술을 잘 다룰 줄 안다고 생각합니다. 그렇다면 여성들이 최신 기술을 잘 다룬다고 생각할까요, 아니면 남성들이 더 잘 다룬다고 생각할까요? 남성들이 기기를 더 잘 다룬다는 사회적인 고정관념이 있지요. 옷차림은 어떨까요? 정장 차림이 좋을까요, 아니면 청바지 등 캐주얼 의류가 좋을까요? 이런 사항들을 종합해 보면 IT 기기 전문점 점원은 이삼십 대의 남성으로 보수적이지 않고 유연성이 있어 보이는 캐주얼 의류 차림이 요구된다고 할 수 있습니다. 바로 미국의 애플 전문 매장이 이러한 소비자들이 기대하는 모습의 점원을 배치하여 소비자들의 선택을 돕고 있습니다.

● 젊은 남성들이 캐주얼 차림으로 소비자들을 돕는 애플 매장

Consumer

Targeting

Merchandiser

Franchiser

3C

Primacy Effect

10 '통'해야
팔린다!
IMC 전략

최근에는 기업이 소비자에게 메시지를 던지는 방식이 아니라 소비자들을 기업과의 대화에 참여시켜 서로 소통을 하는 전략을 고민하게 되었습니다. 이렇게 기업과 소비자가 서로 메시지를 주고받도록 유도하는 전략을 커뮤니케이션 전략이라고 합니다. 이 과정에서 다양한 방법을 통해 소비자들과 소통하게 되고, 다양한 경로로 하나의 목소리를 내는 일이 중요해집니다.

마케팅에서 광고 · 홍보라는 용어가 사라졌다?

예전에는 마케팅의 주요 전략 중에 광고·홍보 전략이 있었습니다. 광고·홍보 전략은 기업이 소비자에게 전달하고 싶은 메시지를 전달하는 일방적인 구조였습니다. 기업과 소비자가 서로 메시지를 주고받는 '소통' 형태가 아니었지요. 단순하게 기업이 소비자에게 말하고 싶은 내용을 광고물로 제작하여 TV나 잡지를 통해 보여 주거나, 소비자들이 가장 많이 지나다니는 길목이나 버스 또는 지하철에서 보여 주었습니다.

그런데 사람들이 TV를 자주 보지 않게 되면서 자연스럽게 TV 광고를 접할 기회도 적어졌습니다. 버스나 지하철을 기다리는 동안, 소비자들은 정거장에 설치되어 있는 광고를 보기보다는 자신의 휴대폰을 보기 일쑤입니다. 소비자들의 지식 수준이 높아지면서 단순하게 광고 내용에 휘둘리지도 않습니다. 그러니 소비자들이 보지 않는 TV 광고,

지하철 광고 등은 마케팅 관리자에게 별로 의미가 없어졌습니다.

최근에는 기업이 소비자에게 메시지를 던지는 방식이 아니라 소비자들을 기업과의 대화에 참여시켜 서로 소통을 하는 전략을 고민하게 되었습니다. 이렇게 기업과 소비자가 서로 메시지를 주고받도록 유도하는 전략을 커뮤니케이션 전략이라고 합니다. 이 과정에서 다양한 방법을 통해 소비자들과 소통하게 되고, 다양한 경로로 하나의 목소리를 내는 일이 중요해집니다. 이러한 다양한 커뮤니케이션 방법들을 효과적으로 관리하는 전략을 '통합적 마케팅 커뮤니케이션 전략(Integrated Marketing Communications)'이라고 합니다. 이름이 좀 길죠? 대학 또는 기업에서는 'IMC 전략'이라고 줄여서 사용합니다. 그러니 '통합적 마케팅 커뮤니케이션 전략'보다는 되도록 'IMC 전략'이라고 기억해 두는 편이 낫지요.

🖩 쿠폰은 귀찮아

우리 제품을 구매하도록 유도할 수 있는 IMC 전략들은 다양합니다. 광고, 판매 촉진, 제품 커뮤니케이션, 리테일 커뮤니케이션, 디지털 미디어 커뮤니케이션 등이 있는데요. 그중 마케팅 관리자들이 가장 많이 주목하는 전략이 '판매 촉진' 전략입니다. 기업이 매출 목표를 달성하는 데 직접적인 역할을 하는 전략이지요. 앞서 다루었듯이, 점포 밖에서 소비자들의 구매를 독려하는 것보다는 점포 안에서 소비자들의 구매를 독려하는 것이 더 효과적입니다. 따라서 기업은 광고보다는 판매 촉진 전략을 위해 많은 마케팅 비용을 사용하게 됩니다.

판매 촉진 전략은 단기간 동안에 소비자들의 구매를 독려해서 매출을 늘리는 전략입니다. 쿠폰을 제공한다거나, 가격 할인을 해 준다거나, 샘플을 제공한다거나, 이벤트를 통해 제품에 대한 경험을 제공하는 방식 등이 그 예입니다. 하나를 구매하러 온 소비자가 두 개를 구매할 수 있도록 유도한다거나, 적은 용량의 제품을 구매하러 온 소비자가 대용량의 제품을 구매할 수 있도록 유도하여 매출을 늘리게 됩니다. 또는 현재 제품이 필요하지 않더라도 미래를 위해서 앞당겨 구매하도록 유도하는 방법도 있습니다.

이러한 다양한 전략 중에 특히 주의해서 활용해야 하는 전략은 '쿠폰'입니다. 미국 소비자들은 쿠폰 사용 빈도와 사용량이 꽤 높습니다. 여유롭게 쿠폰을 모아서 사용하는 방식에 익숙해져 있습니다. 그런데 우리나라 소비자들의 경우는 좀 다릅니다. 종이 쿠폰에 대해서는 매우 부정적입니다. 준비와 보관을 귀찮아 하지요. 쿠폰을 쓰지 않고도 할인을 받을 수 있는 다른 방법도 많습니다. 그렇다 보니 우리나라에서는 쿠폰을 활용한 전략이 대체적으로 실패해 왔습니다. 중요한 것은 우리나라 소비자들이 할인 혜택을 받기 위해 기울여야 하는 노력, 즉 쿠폰을 모으고 보관해야 하는 번거로움을 원하지 않는다는 점입니다.

그렇다면 쿠폰 전략을 어떻게 변형시켜야 할까요?

소비자들이 들고 다니는 휴대폰에 전자 쿠폰 방식으로 넣어 주거나, 결제할 때 자동으로 사용할 수 있게 하는 방식이 적합합니다. 최근 많은 유통사에서 이러한 방식으로 준비나 보관 없이도 소비자 전자 계정에 쿠폰을 넣어 두었다가 결제할 때 적용하도록 유도하고 있습니다. 쿠폰 전략의 목적은 단순하게 할인을 통해 구매를 독려하는 것이 아닙니다. 할인을 잘못해 주었다가는 적자가 날 수도 있습니다. 쿠폰 전략의 핵심은 소비자들의 구매량을 늘리는 것입니다. 많은 구매를 유도하기 위해서는, 구매량에 따라 할인율을 높여 주어야 합니다. 5만 원어치를 구매하는 소비자에게는 5%의 할인 쿠폰을 제공하고, 7만 원어치를 구매하는 소비자에게는 7% 할인 쿠폰을 제공한다면, 소비자 입장에서는 할인을 조금 더 받기 위해서 이왕 구매하는 거 2만 원어치 더 구매하지 않을까요?

페이스북, 인스타그램으로 소통해요

최근 가장 많은 관심을 받고 있으나 그리 큰 효과를 보지 못하고 있는 골치 아픈 IMC 전략도 있습니다. 바로 디지털 미디어 커뮤니케이션 전략입니다. 디지털 미디어는 TV, 라디오, 신문, 잡지와 같은 전통적인 매체와 달리 전자 방식으로 소통이 가능한 매체들을 의미합니다. 인터넷, 모바일 등이 대표적인 예이지요. 소비자들이 TV나 라디오와 같은 전통 대중 매체와 점점 멀어지다 보니, 아무리 대단한 연예인이 등장하는 TV 광고를 제작한다 하더라도 소용이 없어졌습니다. 손으로 들고 다니는 스마트폰이나 태블릿 PC와 같은 모바일 기기로 더 많은 시간을 보내다 보니 이제 소비자들의 '손' 안에 있는 '모바일 기기'에 답이 있어 보입니다. 모바일 기기 속에는 다양한 애플리케이션들이 설치되어 있지요. 그중에 가장 많이 사용하는 것이 페이스북, 인스타그램과 같은 소셜 네트워크 서비스 애플리케이션입니다.

최근 많은 소비자들은 다른 사람에게 방해받지 않고 혼자 있는 시간을 즐기기를 원합니다. 그런데 재미있는 점은, 그러는 중에도 다른 사람들과 교류하고 싶은 마음도 있다는 겁니다. 그렇다고 시간을 내어 그 모든 사람들을 만나고 북적대는 공간에 있기는 피곤합니다. 이러한 문제를 해결해 주는 서비스가 바로 페이스북이나 인스타그램입니다. 소비자들은 컴퓨터와 같은 고정적인 기기가 아니라, 나와 항상 함께 움직이는 모바일 기기를 통해 하루에도 수십 번 이러한 서비스를 사용합니다. 이쯤 되니, 당연히 기업들은 소비자들이 가장 많이 사용하는 모바일 기기와 소셜 네트워크 서비스를 통해 소비자들과 소통할 수 있는 방법이 무엇일까 고민하게 됩니다. 게다가 이것은 일반 대중 광고만큼 비용이 많이 들어가지도 않지요. 페이스북이나 인스타그램에서 인기를 끌게 되는 내용이나 사진은 소비자들이 알아서 다른 사람들에게 펴 날라 주니 얼마나 효과적인지 모릅니다.

그러나 이렇게 커뮤니케이션에서 강점을 가진 소셜 네크워크 서비스도 최대 약점이 있습니다. 소비자들이 자신의 페이스북 뉴스피드나 인스타그램 스토리에 광고가 들어가 있는 것을 극도로 싫어한다는 점입니다. '여기는 나만의 공간인데 누가 감히 내 허락 없이 끼어들어 온 거지?' 하고 말입니다. 혹여 영상이나 사진과 같은 광고가 보인다 하더라도 그냥 휙 하고 넘겨 버립니다. 눈길조차 주지 않지요.

이렇게 소비자들이 자신의 공간에 끼어드는 상업 광고를 너무나 싫어하는데도, 마케팅 수업을 듣는 대학생들이나 기업 실무자들 모두 페이스북이나 인스타그램에 광고를 하겠다는 무의미한 전략들을 많이 제안합니다. 소셜 네트워크 서비스를 활용하여 마케팅 활동을 하기 위해서는, 이러한 소비자들의 심리와 행동을 바탕으로 소비자들을 움직일 수 있는 전략을 구상해야 합니다. 그렇다면 이렇게 자신의 페이스북이나 인스타그램에 끼어드는 광고를 싫어하는 소비자들에게 어떻게 우리 제품에 대해서 알릴 수 있을까요? 원하지 않는 소비자들에게 단편적인 영상이나 사진 광고를 보여 주는 것은 좋은 방법이 아닙니다.

삼성전자가 갤럭시 S4를 출시하기 전, 뉴질랜드에서 실시했던 디지털 미디어 커뮤니케이션 전략을 하나 소개하겠습니다. 애플사의 신형 아이폰이 출시될 예정이라고 하면 먼저 사겠다고 일주일이 넘도록 아이폰 매장 앞에서 줄 서는 사람들의 얘기를 들어 본 적 있나요? 아니, 천천히 사도 어디서나 살 수 있는데 굳이 일주일 동안 아이폰 매장 앞

에서 숙식을 해결하며 힘들게 기다리다니! 그들은 누구보다도 먼저 아이폰을 만져 보고 싶고, 다른 사람들에게 제일 먼저 내가 아이폰의 주인이 되었다고 자랑하고 싶어 하는, 그래서 일주일 동안 줄을 서서 기다려도 하나도 힘들지 않다고 생각하는, 아이폰을 너무나 사랑하는 고객들입니다. 애플사 입장에서는 너무나 고마운 고객들이죠. 그렇지만 이렇게 아이폰을 사랑해 주는 고객들에게 애플사에서 해 준 일은 아무것도 없습니다. 매장 앞에 줄이 길게 늘어서 있다는 것 자체를 오히려 홍보 수단으로 활용할 뿐이지요.

삼성전자는 갤럭시 S4를 먼저 사서 자랑하고 싶어 하는 고객들에게

● 아이폰 구매를 기다리는 충성 고객들 ⓒPadraic Ryan(위키미디어)

감히 매장 밖에서 힘들게 일주일 동안 줄을 서라고 하지는 않았습니다. 대신 그들을 온라인으로 끌어와서 페이스북과 트위터에 줄을 세웠습니다. 눈비가 와도 맞을 일 없고 밤에 모기에 물어뜯길 일도 없지요. 갤럭시 S4 신형 스마트폰을 출시하기 12일 전에 소비자들에게 온라인에 와서 줄을 서라고 알렸고, 1만 2000명이 줄을 섰습니다. 그러고는 이들에게만 이제까지 공개하지 않았던 36개의 새로운 갤럭시 S4의 기능들을 전달합니다. 이러한 새로운 기능들을 친구들에게 알리고 가장 많이 '좋아요' 또는 '공유'를 받은 순서대로 줄의 순서를 바

● 삼성전자 갤럭시 S4의 페이스북 줄서기

꿔 준다고 알립니다. '좋아요' 수가 높으면 높을수록 54번째에서 31번째로, 다섯 번째로, 첫 번째로 순서가 바뀌게 된다는 것이지요. 결과가 어떻게 되었을까요?

줄을 선 소비자들은 자신이 먼저 갤럭시 S4를 사기 위해서 자발적으로 페이스북과 트위터 친구들에게 알리기 시작합니다. '좋아요' 버튼을 많이 눌러 달라고 부탁도 했겠지요. 이 결과, 뉴질랜드의 1500만 소비자들이 갤럭시 S4의 새로운 기능들을 알게 되고 흥미를 갖게 됩니다. 삼성전자 S4의 디지털 마케팅 커뮤니케이션 전략은 커다란 성공을 거두지요.

대체로 페이스북, 인스타그램과 같은 공간에서 소비자들과 소통하려면 인위적인 접근 방법으로는 어렵습니다. 그곳은 소비자들의 개인 공간과 같거든요. 그러니 누구를 타깃으로 메시지를 전달할 것인가 하는 점이 가장 중요합니다. '아무나' 또는 '모든 사람'이라고 생각하면 안 됩니다. '누구한테 메시지를 던질 것인가'는 '누가 그 메시지를 가장 원할 것인가'에 달려 있습니다. 가령 국내 신형 스마트폰에 대한 기능을 누가 가장 알고 싶어 할까요? 예를 들어, 여성보다는 남성들이 대체로 기기에 관심이 많으니 남성들일 확률이 높겠지요. 그중에서도 아이폰을 사용하는 사람들보다는 기존 안드로이드폰(삼성전자 갤럭시 시리즈나 LG전자 G 시리즈, V 시리즈)을 사용하는 사람들일 겁니다. 그렇다면 누구를 타깃팅해야 하는지 이제 감이 좀 잡히지요?

아무리 그들이 원하는 메시지를 전달해 준다고 해도 보상이 주어지지 않으면 다른 사람들에게 알려 주려 하지 않을 겁니다. 다른 사람들에게 알려 주는 소비자들에게 대가를 지불해야 합니다. 대가라고 하면 항상 돈을 먼저 떠올리는데, 꼭 그럴 필요는 없습니다. 메시지를 최초로 전달받는 사람들이 원하는 것이 대가로 주어지면 됩니다. 줄을 섰던 사람들이 원했던 대가는 결국 다른 사람보다 먼저 신형 스마트폰을 손에 쥐는 일이었거든요. 공유가 많이 된 소비자들은 그에 대한 대가로 신형 스마트폰을 먼저 구매할 수 있는 기회를 얻었습니다.

만약 이들에게 신형 스마트폰 구매 시 쓸 수 있는 할인 쿠폰을 제공했다면 어땠을까요? 그렇게 크게 기뻐하지 않았을 겁니다. 왜냐하면 그들에게는 스마트폰 구매 시 할인보다, 누구보다도 먼저 구매하는 일이 더 중요하니까요. 정가를 주고라도 먼저 구매하는 것은 그들에게 최대의 보상이 되지요.

소비자들이 알아주어야 사회 공헌 활동!

사회에 도움이 되는 활동을 하면 기업 이미지가 좋아지고, 그럼 그 기업 제품을 소비자가 구매해 줄 것이라고 많이들 생각합니다. 기업이 그러한 활동을 한다고 해서 무조건 매출이 올라갈 것이라고 생각한다면 오산입니다. 소비자들은 상당히 자기 중심적 구매를 합니다.

환경을 보호해 주는 제품을 구입하기 위해 비용을 더 지불해야 한다고 하면, 보통 소비자들이 구매하겠다고 할까요? 환경을 보호하기 위해서 기존에 누리던 이득을 과연 포기할까요? 아마도 이런 정도의 소비 의식이 생기려면 앞으로 소비자들이 더 성숙해져야 하겠지요.

사회 공헌 활동은 기업이 마땅히 해야 할 의무이자 책임입니다. 인간이라면 당연하게 지켜야 하는 사회적 윤리와 도덕 같은 것이지요. 예를 들어, 상대방의 도움을 받았다면 당연히 감사의 인사 표시를 해야 합니다. 하지만 인사 표시를 했다고 해서 내 이미지가 갑자기 좋아질 것이라고 생각한다면 착각입니다. 가끔 기업들이 사회 공헌 활동을 하고 나서 기업 이미지가 좋아졌다는 둥, 매출이 증가했다는 둥 떠들썩하게 얘기하는 경우가 있는데요. 그건 아주 일시적인 현상일 뿐입니다. 장기적으로 보았을 때 크게 기업 이미지를 변화시킨다거나 매출에 영향을 준다거나 하는 경우는 많지 않습니다. 기업의 신뢰나 이미지는 결국, 소비자들이 사용하는 제품과 서비스에 의해 결정이 됩니다. 한번 써 본 제품이 좋으면 그 제품을 만든 기업에 신뢰감을 갖게 되고, 다음에 그와 유사한 제품을 또 구입해야 할 때 그 기업 제품을 구매할 확률이 높아집니다. 사회에 기부를 하는 기업이라고 해서, 또는 불우한 이웃을 돕는 기업이라고 해서 소비자들이 제품을 구매해 주는 경우는 매우 드뭅니다.

사회 공헌 활동은 기업 이미지의 현재 상태를 유지해 주는 역할만 할 뿐입니다. 그런데 그나마 소비자들이 알아주지 않으면 현재 상태

유지도 어렵게 됩니다. 사회 공헌 활동은 소비자들이 알 수 있게 진행해야 합니다. 사회 기부 단체나 복지 단체가 아닌 이상, 수익을 창출해야 하는 상업 기업이 무엇 때문에 아무도 모르게 조용히 사회 공헌 활동을 한단 말인가요? 단순하게 불우한 이웃을 찾아 억대의 기부를 한다거나, 토요일에 쉬고 싶어 하는 임직원들을 동원하여 연탄을 나르게 하는 일 등은 의미 없는 사회 공헌 활동이라고 보아야 합니다. 성공적인 사회 공헌 활동이 되기 위해서는 소비자를 참여시켜야 합니다. 마치 소비자 자신이 이 기업을 통해 사회 공헌을 하는 것처럼 느끼도록 말이지요.

만약 나이키가 다른 기업들처럼 유니세프에 10억을 기부했다고 하면, 관심을 가질 소비자들은 별로 없을 겁니다. 그래

땀 흘려 봉사한 만큼 소비자들이 알아줄 날이 오겠지…

OK글로벌기업? 연탄 가게 이름이 거창하네…

서 나이키는 기부 행사에 소비자들을 참여시키는 방법이 없을지 고민했습니다. 소비자들이 직접 기부 활동에 참여하면서 자연스럽게 나이키의 사회 공헌 활동이 알려질 수 있도록요. 마케팅을 잘 못하는 기업이었다면, 소비자들에게 이렇게 얘기했겠지요. "한 개의 운동화를 구매하시면 5%의 운동화 수익금이 유니세프로 기부됩니다." 이런 정도의 활동으로 소비자가 정말 참여했다고 느낄 수 있을까요? 아마 계산할 때 "아, 네, 좋네요."라고 말한 후, 금방 잊어버릴 겁니다. 이렇게 금방 잊힐 만큼 성의 없는 참여가 아닌, 소비자의 성의 있는 참여를 유도할 수 있는 방법이 무엇일까를 고민해야 합니다.

그래서 나이키는 소비자들에게 '행동'과 '노력'을 요구합니다. 소비자를 트레드밀(우리나라에서는 '러닝머신'이라고 부릅니다)에서 열심히 뛰

● 운동량만큼 기부되는 나이키의 유니세프 트레드밀

거나 걷게 하여 그 노력의 양만큼 나이키가 유니세프에 기부하는 '유니세프 트레드밀' 행사를 기획했지요. 소비자가 1km를 뛰면 나이키가 유니세프에 31달러를 기부하게 됩니다. 소비자들이 트레드밀에서 많이 뛰면 뛸수록 나이키가 유니세프에 기부해야 하는 금액은 점점 올라갑니다. 부족한 용돈에 불우한 이웃에 기부하는 일이 부담스러운 여러분이라면, 이러한 나이키의 '유니세프 트레드밀' 행사에 참여하고 싶지 않겠어요?

이제까지 '마케팅이란 무엇일까?'에 대한 답을 찾기 위해 마케팅의 요모조모에 대해 차근차근 살펴보았습니다. 마케팅은 광고가 아니라는 점에서부터 시작하여, 타깃팅과 포지셔닝, 제품 전략, 브랜드 전략, 가격 전략, 리테일링 전략, 커뮤니케이션 전략까지 하나하나 꼼꼼히 살펴보았지요.

이제까지 살펴봤듯이 마케팅은 그렇게 간단한 학문이 아닙니다. 심리학, 사회학, 통계학 등 다양한 학문을 통합적으로 활용하는 사회과학입니다. 단순히 마케팅이 재미있다고 표현하는 사람들은 여전히 마케팅에 대해 잘못 이해하고 있는 것일지도 모릅니다. 마케팅은 사회현상과 사람들의 심리 변화와 함께 움직이기 때문에, 수학처럼 공식이 있거나 답이 딱딱 떨어지지 않습니다. 사람 마음을 숫자나 공식으로 표현할 수 있다면 얼마나 편할까요?

게다가 너무나 많은 시장의 변수들이 유기적으로 얽혀 움직이기 때문에, 어떤 변수가 문제가 되는지 쉽게 진단해 내기도 어렵습니다. 가벼운 마음으로 마케팅에 접근했다가는 사업에서 큰 실패를 경험할 수 있습니다.

마케팅의 본질을 잘 이해하여 기업과 소비자가 모두 윈윈할 수 있는 마케팅 전략을 설계할 수 있을 때, 비로소 자신을 마케팅 전문가라고 말할 수 있을 겁니다. 이 책을 통해 멋진 마케팅 전문가의 꿈에 첫발을 디딘 여러분, 환영합니다!